Klaus-Dieter Wille
Spaziergänge in Charlottenburg

BERLINISCHE REMINISZENZEN 66

Klaus-Dieter Wille

Spaziergänge in Charlottenburg

HAUDE & SPENER

Titelvignette und Fotos: Klaus-Dieter Wille, Berlin
Titelbild: Burkhard Klemp, Berlin

© 1992 Haude & Spenersche Verlagsbuchhandlung
GmbH, Berlin
Satz: Volker Spiess, Berlin
Umschlag: Hauke Sturm, Berlin
Druck: Ratzlow-Druck, Berlin
Buchbinder: Heinz Stein, Berlin
ISBN 3-7759-0373-9

Inhaltsverzeichnis

S. 7: Blick auf den Ernst-Reuter-Platz mit Telefunken-Hochhaus (Paul Schwebes und Hans Schoszberger, 1958–1960).

I. Vorwort

Im Frühjahr 1976 erschien der Band »Spaziergänge in Charlottenburg und Spandau«, ein Brevier für Stadtwanderer, in dem Bekanntes und Unbekanntes, verschwiegene Winkel ebenso wie vom Leben erfüllte Straßen und Plätze beschrieben wurden. Vordergründig war dabei die Betrachtung einzelner Architekturen und die Entwicklung der in den Bezirken aufgegangenen Ortsteile.

Dieser Band nun gilt Charlottenburg allein, dem Berliner Bezirk, der wohl zu den impulsivsten wie auch explosivsten der Stadt gehört. Er enthält überwiegend Neues, nur wenig wurde aus dem alten Buch übernommen. Denn: Vieles hat sich inzwischen ge- und verändert; eine große Zahl neuer Häuser ist entstanden, und die haben so mancher Ecke von »Schlorrendorf« ein anderes Gesicht gegeben. Alte Bausubstanz wurde zum Teil in ihrer ursprünglichen Form wiederhergestellt oder nach durchgreifender Modernisierung dem neuen Wohnniveau angepaßt.

Daß in dem Buch wieder nur ein kleiner Teil von den kulturhistorisch interessanten und von ihrer Architektur her bemerkenswerten Objekten aufgenommen werden konnte, erklärt sich aus dem Anliegen und dem Charakter der Berlinischen Reminiszenzen. Subjektiv ist also die Auswahl der beschriebenen Bauten, Denkmäler und Anlagen, zufällig auch die Wege, die bei den Rundgängen eingeschlagen wurden. Dem aufmerksamen Leser wird aber nicht entgehen, daß es in dem facettenreichen Bild Charlottenburgs viele sehenswerte Bereiche gibt, vor denen es sich lohnt, einige Zeit zu verweilen – nichts anderes wollen die »Spaziergänge durch Charlottenburg« beim geneigten Leser erreichen.

II. Charlottenburgs Geschichte in Stichworten

Geographische Lage: Charlottenburg grenzt im Norden an die Bezirke Reinickendorf und Wedding, im Osten an den Bezirk Tiergarten, im Süden an den Bezirk Wilmersdorf und den Grunewald und im Westen an den Bezirk Spandau.
Gebietsumfang: 3.033 Hektar (1989)
Einwohnerzahl: 178.056 (Februar 1989).

Historische Entwicklung: Erste urkundliche Erwähnung des Dorfes (Lüße = Lützow) im Jahr 1373; aber bereits 1239 wird ein in dem Gelände an der Spree gelegenes Dorf 'Lucene' genannt (1314 »des Dorffs Luzen«, 1373 »zu Leutzow«). In der Folgezeit findet man weitere Hinweise auf diese Siedlung: 1375 »Lusze, Lutze«, 1393 »vmb den Sehe zur Luezen … so sullen dieselben wende den See zur Lueze ziehen mit Irem großen garne«, 1472 »die wiesen, bey der Luzen gelegen«, 1602 »Lietze«, 1775 »Lützen, Lützow« und 1805 »Lützow, Lietzow«. Unklar ist die etymologische Deutung des aus dem Slawischen stammenden Ortsnamens. Es werden mehrere Möglichkeiten seiner Herkunft angenommen, z.B. aus dem polabischen Sprachgebrauch von 'luk' = Bogen, was dem bogenförmigen Verlauf der Spree entsprechen würde, oder von 'luc' = Kienfackel zum Fischen. Eine andere Interpretation des Namens verweist auf Sumpf, Morast.

1695 erscheint auch der Name 'Lietzeburg', der 1697 in 'Lützenburg' bzw. 'Lützburg' verändert wurde. 1704 heißt es dann »das Königl. Schloß Lützenburg nebst der New angelegten Stadt.« Das von 1696/97 im Auftrag der Kurfürstin Sophie Charlotte errichtete Schloß enthält als Bestimmungswort den Ortsnamen »Lütze«. Nach dem Tod der Kurfürstin im Jahr 1705 erhielt Lützenburg im selben Jahr den Namen »Charlottenburg«. Gleichzeitig erfolgt die Erhebung des Dorfes zur Stadt: »die Charlottenburg zum Andencken Weyland Unserer Hoch- und Hertzgeliebtesten Gemahlin ... mit der Stadtgerechtigkeit zu begnadigen und einen Besonderen Magistrat daselbst zu setzen.« – 1876 schied die Stadt Charlottenburg aus dem Kreis Teltow aus und bildete einen eigenen Stadtkreis. Am 1. Oktober 1920 wurde Charlottenburg mit Berlin vereinigt.

Der Bezirk Charlottenburg (7. Verwaltungsbezirk von Berlin) umfaßt die einstige Stadt Charlottenburg mit den Villenvierteln Westend und Heerstraße sowie den Siedlungen Eichkamp, Ruhleben und das Neubaugebiet Charlottenburg-Nord.

Westend: Mit dem Bau der Villenkolonie auf dem Gelände des Spandauer Berges wurde nach der Konstituierung der 'Kommandit-Gesellschaft Westend' am 1. Mai 1866 begonnen. 1876 hieß das Terrain zunächst »auf Westend«, 1897 dann »Westend, Kolonie«. Der Eigenname der Siedlung wurde dem vornehmen Londoner Stadtteil Westend entlehnt.

Heerstraße: Aus einem Teil des Gutsbezirks Grunewald-Forst wurde 1914 der Gutsbezirk Heerstraße gebildet, der 1920 nach Berlin kam. Der Name des Gutsbezirks und der in seinem Gelände entstandenen Kolonie geht auf eine im Jahr 1910 für die Berliner Garnison zum Truppenübungsplatz Döberitz/Kreis Nauen angelegten Straße zurück.

Ruhleben: 1638 hieß die Gemarkung »das Neue Vorwerk bei Spandau«, 1654 dann »vorerwähntes Vorwerk dem gewesen Vorschneider und Fischmeister Frank von Saldern ... ad vitam verschrieben«, 1697 schließlich »Vorwerk Saldern« und 1704 »Vorwerk Ruhleben«. 1719 wurde es als »des Spandauer Amts-vorwercks Ruhleben«, 1805 als »Ruhleben, Amts-Vorwerk« und 1897 als »Ruhleben, Domäne« bezeichnet. Bei dem Flurnamen handelt es sich um einen sogenannten Wunschnamen.

Eichkamp: Um 1760 »Willmersdorffischer Eichelkamp«. 1879 erhielt das im Jagen 58 der Oberförsterei Grunewald neu errichtete Forsthaus den Namen »Försterei Eichkamp«. Der Ortsname ist dem mittelniederdeutschen Sprachschatz entnommen und bedeutet »ein aus jungen Eichen bestehendes gehegtes Waldstück«.

Ehemalige und noch bestehende Kolonien und Siedlungen:

Fürstenbrunn: Ein nach 1818 erbautes Schützenhaus (später »Altes Schützenhaus«) erhielt am 25. Juli 1857 zur Unterscheidung vom gleichnamigen, am 21. September desselben Jahres in der Nähe des Lietzensees eröffneten Etablissements den Namen »Fürstenbrunn«. Bei der Namensgebung bezog man sich auf die dabeiliegende Quelle, deren eisenhaltiges und heilendes Wasser bereits Friedrich Wilhelm, dem Großen Kurfürsten, bekannt gewesen sein soll. – 1861 »Fürstenbrunn, Etablissement, vormals altes Schützenhaus«, 1897 »Fürstenbrunn, Fabrik«.

Witzleben: 1823 hatte der preußische Kriegsminister Job von Witzleben eine am Lietzensee gelegene Besitzung vom Charlottenburger Magistrat in Erbpacht genommen, die nach seinem Tod im Jahre 1840 seinen Namen erhielt.

Albrechtshof: 1861 »Etablissement im Lützower Felde im Anschluß der Friedrichvorstadt zu Berlin«. Das nach dieser Aufzeichnung nicht mehr erwähnte Gebäude wurde 1832 nach seinem Besitzer, dem Berliner Kunstgärtner Albrecht, benannt. Ende 1860 kam das Gelände, auf dem sich das Grundstück befand, zu Berlin.

Kasemerswisch: Wüstung bei Lützow. 1239 »des dorffs Lucene mit 29 hueffen, weiden vnd wassern, des dorffs Kasemerswisch mit 50 hueffen«. Die nach dieser Aufzeichnung wüst gewordene Siedlung lag in einer Niederung nordöstlich der Spree und gehörte zum Spandauer Nonnenkloster. Der Ortsname bedeutet »Ort bei der Wiese eines Kazimir«.

Kasow: 1375 »unam curiam in Ripa Sprewa que dicitur Casow«, 1537 »den Kasischen Werder samt dem wusten Hofe bei demselben Kasischen Werder«. – Der wüstgewordene Hof bei Lützow soll an der Stelle der späteren Kaiserin-Augusta-Stiftung gelegen haben. Zwischen Kasemerswisch und Kasow besteht neben dem sprachlichen auch ein sachlicher Zusammenhang, und es wird vermutet, daß der Name des Dorfes

Kasemerswisch nach dessen Wüstwerden in dem der »curia Casow« fortlebte.

(Lit.: »Brandenburgisches Namenbuch«, Teil 3: Die Ortsnamen des Teltow. G. Schlimpert. H. Böhlaus Nachfolger, Weimar 1972)

III. In Alt-Charlottenburg

1. Verstädterte Iylle

Bei einem Gang über den »Alt-Lietzow« genannten Platz wird der Ortsunkundige kaum ahnen, daß er sich in geschichtsträchtigem Gelände bewegt. Keine Feldsteinkirche, kein Gutshaus oder sonstige dörfliche Attribute begleiten seinen Weg. Der viereckig gestaltete Rasenplatz wirkt städtisch, und die wenigen etwas mehr als hundert Jahre alten Bauwerke verfügen nicht über das Flair einer ländlichen Vergangenheit. Dennoch, an dieser Stelle lag einmal die »Keimzelle« Charlottenburgs.

Blickt man in diesem Zusammenhang in eine vor wenigen Jahren von der Berliner Denkmalpflege erarbeitete Studie, so werden die der Erhaltung der alten Dorfanlage dienenden Pflegemaßnahmen deutlich. Es heißt in ihr, daß »die Baulücken geschlossen, der Baumbestand vergrößert und die historischen Gebäude erhalten und gepflegt werden sollen.« Dieser Satz charakterisiert das derzeitige Erscheinungsbild des Platzes, dessen ursprünglich dörfliche Form zwar vorhanden, dessen Randbebauung aber seit fast 280 Jahren in eine kontinuierliche Verstädterung einbezogen wurde. Der Grund dafür lag offensichtlich im Ausbau des Schlosses Charlottenburg, der eine veränderte Bebauung der angrenzenden Feldfluren nach sich zog.

Daß dieses nicht weit von der Spree entfernt liegende Terrain bereits in der Frühzeit unserer Zeitrechnung der menschlichen

Besiedlung diente, kann der archäologischen Grundlagenforschung entnommen werden, die bereits vor Jahrzehnten an dieser Stelle begann. Damals wurde in dem zwischen Alt-Lietzow und Marchstraße liegenden Gelände ein großes Gräberfeld entdeckt, das der Zeit um 1000 n. Chr. zugeordnet wird. Weitere Untersuchungen ergaben, daß in dieser Gegend während der Slawenzeit zwei Siedlungskerne bestanden, von denen der eine, als Hof »curia casow« bekannt, der andere, 1239 als »curia lüße« erstmals urkundlich in Erscheinung getreten, sich südlich des Flusses erstreckte. Aus dem letztgenannten Hof entwickelte sich die Siedlung, die erst Lietzow, dann Charlottenburg genannt wurde.

Dieses Dorf stand ab 1695 unter dem Einfluß des zu diesem Zeitpunkt entstehenden Schlosses »Lietzenburg«. Anfang des 18. Jahrhunderts bildete sich in unmittelbarer Nachbarschaft zum Hohenzollernsitz eine städtisch anmutende Siedlung heraus, die kurz vor dem Tod der Königin Sophie Charlotte (1705) zur Stadt erhoben und mit dem Namen der Monarchin belegt wurde. Von da an war es nur noch eine Frage der Zeit, wann Lietzow (Lützow) seine Eigenständigkeit aufgeben mußte. 1720 war es soweit, Dorf und Siedlung gingen ineinander auf, aus beiden war die Stadt Charlottenburg entstanden. Es darf angenommen werden, daß zu dieser Zeit Lietzow noch ein reines Bauerndorf gewesen ist, dessen Gemeindemittelpunkt die aus dem 15. Jahrhundert stammende Feldsteinkirche war.

Mitte des 17. Jahrhunderts brannte das Gotteshaus ab. Die Gemeinde entschloß sich wenig später zum Bau eines neuen Hauses. Dieser Bau wurde aber bald der stetig wachsenden Besucherzahl zu klein; wiederum entschloß sich der Gemeinderat zum Bau einer neuen Kirche. Nach August Stülers Plänen und unter der Leitung des Bauinspektors Julius Manger entstand nun ein drittes Gebäude an derselben Stelle. Die auf den Umfassungsmauern des Vorgängerbaus errichtete Kirche besaß eine große Apsis und einen von zwei hohen schlanken Türmen flankierten Westgiebel. Ihre zinnenartigen, sich rund um das Äußere des Hauses ziehenden Gesimse verliehen dem Sakralbau ein altertümliches Aussehen.

Als dann um die Jahrhundertwende wieder festgestellt wurde, daß die Kirche den Gemeindeansprüchen nicht mehr genügte, faßte man den Plan, sie durch einen Neubau zu ersetzen. Gegen den Willen des damaligen Provinzialkonservators wurde der Stüler-Bau abgetragen und in den Jahren 1910/11 ein neues Haus gebaut. Die in neobarocken Formen ausgeführte Kirche war ein Werk des Architekten Jürgen Kröger. Im Inferno des Zweiten Weltkrieges fiel das Gotteshaus Bomben zum Ofer: am 22. November 1943 brannte es aus. An seine Stelle trat der Kirchenbau Nr. 5, dessen zeltartiges, bis zur Erde reichendes Dach eine neue architektonische Dominante im historischen Ortskern setzt. Das 1961 geweihte Haus entwarf der Berliner Architekt Ludolf von Walthausen.

Die Baugeschichte der Lietzower Kirchen steht für die allmähliche Verstädterung der Dorfaue, deren Physiognomie sich mit ihr verändert hat. Aus den alten Bauerngehöften wurden im 19. Jahrhundert städtische Wohnhäuser und Villen, und mit dieser Veränderung erhielt das Gelände den Namen »Lützow-Platz«.

Etwa in diese Zeit fiel die Um- und Neugestaltung des Platzes: 1848 wurde die alte Dorfkirche grundlegend umgebaut, 1875 kam ein Gefallenen-Denkmal auf die Dorfaue und schließlich wurden die angrenzenden Straßenzüge den neuen Verkehrsverhältnissen angepaßt, d.h., sie wurden reguliert. Die Stadt Charlottenburg übernahm 1897 das Gelände von der Kirchengemeinde und damit die Verantwortung über sämtliche Veränderungen in diesem Areal. Ab Mitte des 19. Jahrhunderts entstanden weitere Gebäude in diesem historischen Siedlungskern, so die 1864 für den Holzhändler Carl Kogge in der Stilform des Eklektizismus erbaute Villa (Alt-Lietzow 28; heute Standesamt), die 1877 von Hubert Stier entworfene katholische Herz-Jesu-Kirche (Alt-Lietzow 23) und die Feuerwache auf dem Grundstück Alt-Lietzow 33. Der 1888/89 von Paul Bratring errichtete schlichte gelbe Ziegelbau war Ersatz für die erste in der Kirchhofstraße (heute Warburgzeile) gebaute erste Feuerwache Charlottenburgs.

Charlottenburg, Alt-Lietzow 23: Taufstein aus dem Jahr 1587 in der 1877 von H. Stier erbauten Herz-Jesu-Kirche (Aufnahme 1982)

Unter dem Einfluß der voranschreitenden industriellen Entwicklung erfuhr auch das Gelände rund um Alt-Lietzow wesentliche Veränderungen. Aus der einst beschaulichen Wohngegend wurde in relativ kurzer Zeit ein von Industriebetrieben durchsetztes Stadtviertel, dem die Nähe der Spree wirtschaftliche Vorteile versprach. Um eine bessere Verbindung zu den am Nordufer des Flusses am 1. August 1900 in Betrieb genommenen Städtischen Elektrizitätswerken zu bekommen, entstand in Richtung Alt-Lietzow noch am selben Tag ein öffentlicher Übergang über die Spree. 1902 erhielt die Brücke den Namen »Siemenssteg«. Sie sollte an den Begründer der Berliner Elektroindustrie, Werner von Siemens, erinnern, dessen Wohnhaus noch bis 1943 an der Berliner Straße (der heutigen Otto-Suhr-Allee 10–16) stand. Ihre während des Zweiten Weltkrieges zerstörte Eisenkonstruktion ist inzwischen wieder hergestellt.

Vor dem Verlassen der alten Dorfaue fällt noch einmal der Blick auf die Herz-Jesu-Kirche, deren rote Backsteinmauern eine Rarität bergen. Zuvor jedoch ein Hinweis auf die Entstehung der dreischiffigen Basilika. Im Gegensatz zur in der Nähe stehenden evangelischen Pfarrei besitzt dieses Gotteshaus keine ausgeprägte Vergangenheit; seine Entstehung kann allenfalls an der verhältnismäßig jungen Geschichte des Katholizismus in Berlin abgelesen werden. Aber auch diese kurze Zeit beinhaltet ein Kapitel Charlottenburger Lokalgeschichte. Nach 1821 fand der erste katholische Gottesdienst in Charlottenburg statt. Die wenigen Katholiken versammelten sich um den Barbier August Meer, der in verschiedenen Häusern die Messe las. Ihm folgte als Seelsorger der Delegat Anton Brinkmann, der seit 1845 die Gottesdienste abhielt. Sein Nachfolger wurde der Delegat Pell-dram. Ihm gelang es, an der Dorfaue ein Grundstück zu erwerben, auf dem wenig später eine Kapelle erbaut wurde. Vier Jahre danach entstand neben dem kleinen Haus ein Kloster (1858), und schließlich 1877 die heutige Kirche. Der Sakralbau, in dem so bedeutende Geistliche wie Karl Kleineidam und Bernhard Lichtenberg predigten, enthält besagte Besonderheit: Es ist ein aus dem Jahr 1587 stammender Taufstein, der in der Mitte des vergangenen Jahrhunderts von zwei Handwerksgesellen im Biergarten der Brauerei »Pfefferberg« am Schönhauser Tor entdeckt worden ist und bis zu diesem Zeitpunkt als Blumen-kübel diente.

2. Im Schloßbereich

Charlottenburgs Ausstrahlung, sein weltstädtisches Ambiente, wird beeinflußt, besser: geprägt durch eine Vielzahl bedeutender Einrichtungen aus den Bereichen Kunst, Kultur und Wissenschaft, Wirtschaft und Industrie. Als ehemals sehr wohlhabende Stadt in Preußen kann die 1920 in Groß-Berlin aufgegangene Gemeinde eine Reihe bemerkenswerter Bauwerke nennen, die ihre historische Entwicklung widerspiegelt. Hinzu kommen die bescheidenen Reste aus dörflichen Tagen, wie wir am Beispiel der alten Dorfaue gesehen haben. Aber auch an anderer Stelle gelingt ein Rückblick in die Vergangenheit. So zum Beispiel am Gierkeplatz, obwohl die ländliche Idylle längst verschwunden ist. Auskünfte über diesen Bereich holt man sich deshalb in alten Chroniken. Eine von ihnen ist die 1916 vom Pfarrer Wilhelm Kraatz geschriebene »Geschichte der Luisengemeinde zu Charlottenburg«. Im Mittelpunkt der Arbeit steht die 1716 als Pfarrkirche der Stadt Charlottenburg erbaute Luisenkirche, doch auch die Platzanlage wird einer Betrachtung unterzogen. Es heißt dabei u.a.:

»Nachdem in den Jahren 1823–26 die Luisenkirche einer größeren Reparatur unterworfen war, nahm man in der genannten Zeit nur unbedeutende Verbesserungen an ihr vor ... Einen eigenartigen Eindruck machte der Platz um die Kirche herum. Er war wohl mit Rasen bepflanzt, aber keineswegs, wie heute, durch einen Zaun von der Straße abgesondert. Die Folge war, daß die an der Kirche Vorübergehenden vielfach die Rasenfläche betraten, nicht selten das Vieh der in der Nähe Wohnenden dort ungestört weidete, und der ganze Platz verwilderte ...

Wie schon 1821, als man der Kirche zu einem Turm verhelfen wollte, so bildete sich auch jetzt (1829) ein Verein, der es sich zur Aufgabe machte, den Platz um die Kirche herum zu verschönern und mit einer Barriere zu versehen. Durch eine rege Sammlung brachte man Geld zusammen. Das Holz zur Barriere erbat sich vom König, der es auch bewilligte und seinen Forstmeister Roth anwies, 103 3/4 Stück 'ordinair stark kienes' Bauholz aus dem Tegeler Revier gegen Erledigung der Nebenkosten an den Magistrat frei zu verabfolgen. Der Magistrat überließ die Erledigung der ganzen Angelegenheit dem Oberpfarrer Mann, weil dieser auf die Verschönerung großen Wert legte.

Das vom König gelieferte Holz traf ein, war aber zu naß, und die Nebenkosten erreichten eine zu große Höhe. Deshalb verkaufte man das Holz an den Kaufmann Kogge, der dafür, unter Hinzunahme einer baren Geldsumme des Vereins, die Anfertigung einer Barriere aus trockenem Holz übernahm. Die Verschönerung des Platzes, die durch den Hofgärtner Steiner bewerkstelligt wurde, war 1831 vollendet …

1854 war der Holzzaun derart schadhaft geworden, daß man sich dazu entschließen mußte, eine neue Barriere für 200 Taler zu errichten. Aber auch diese hielt nur eine kurze Reihe von Jahren. Es erregte daher mit Recht allgemeines Erstaunen, als der Magistrat mit einem Male in allerneuester Zeit (1915), freilich ohne Erfolg, von der Kirche die Bestätigung verlangte, daß der Platz um die Kirche Eigentum der Stadt sei.«

Soviel aus der Vergangenheit des Kirchplatzes, der seit einigen Jahren den Namen der Sozialpädagogin Anna von Gierke (1874–1943) trägt, und auf dem die nach einem Entwurf Philipp Gerlachs in den Jahren 1712–16 unter der Bauleitung Martin Böhmes (seit 1713) entstandene barocke Luisenkirche steht.

Im Schatten dieses Gebäudes fällt ein Haus auf, das einige Jahrzehnte später (1785/86) erbaut wurde. Es ist Charlottenburgs altes Schulhaus, das der Maurermeister Schulze errichtete und in dem der erste Chronist Charlottenburgs, Johann Gottfried Dressel, eine Handvoll mehr oder weniger begeisterter Kinder unterrichtete. Das im »Zopfstil« erbaute Haus beherbergt nach einigen baulichen Veränderungen (1831, 1957–59) eine Filiale der Landesstelle Berlin gegen Suchtverfahren e.V. und heißt seitdem »Alfred-Grotjahn-Haus«.

Nur wenige Schritte weiter in der Schustehrusstraße 13 traf man noch vor einigen Jahren auf einen der romantischsten Winkel Charlottenburgs. Im Innern des Grundstücks öffnete sich ein stimmungsvoller Hof; Weinlaub rankte an den Wänden der Mauern und man glaubte, hier einen Hauch von Vergangenheit zu spüren. Das niedrige, 280 Jahre alte Gebäude, das oft als Ackerbürgerhaus und Ausspann angesehen wurde, gehörte zur Zeit Friedrichs I. dem Berliner Goldschmied Gottfried Berger. Er war einer jener honorigen Handwerker, die in den von Eosander von Göthe im unmittelbaren Umfeld des Schlosses konzipierten Fachwerkhäusern ihr Domizil hatten. Um 1800 erwarb Daniel Christian von der Lage das Grundstück und baute es im Stil der Berliner Revolutionsarchitektur mit Pilastern, Rundfenstern und grauer Putzfassade um. Ihm folgte 1840 der

Tanzlehrer Eckermann, dessen Erbe Ernst das Haus abermals umbaute. Eine breite Tordurchfahrt als Zugang für Feuerwehr und die das Haus besuchenden Ballgäste, eine Küche und Büfettraum sowie ein Orchesterpodium teilten den alten Fachwerkbau auf. Seit 1870 erfreuten sich die von Ernst Eckermann geleiteten »Festsäle« großer Beliebtheit bei den Charlottenburger Bürgern. 1944 zerstörten Bomben das Haus. Die Eckermannschen Erben veräußerten das Grundstück an eine Familie Metschke, die das Haus nach dem Wiederaufbau privat nutzte. Heilig Abend 1983 sollte das Schicksal des kleinen Hauses besiegelt werden: In einer »Nacht-und-Nebel-Aktion« brachte ein Bulldozer den Bau fast zum Einsturz. Das Haus war zum Spekulationsobjekt geworden. Heftige Proteste aus der Bevölkerung stoppten die Aktion, das Gebäude konnte gerettet werden. Im Frühjahr 1988 war es in alter Form wieder aufgebaut, so daß es jetzt – zwar rekonstruiert – als ältestes Wohnhaus des Bezirks die Lokalgeschichte bereichert.

Daß derartige Unternehmungen zum Glück nicht an der Tagesordnung sind, erkennt man in der Christstraße. Ihre Wohnhausbebauung war und ist für den innerstädtischen Bezirk ein Aushängeschild, und zwar deshalb, weil hier mehrere über hundert Jahre alte Gebäude seit Kriegsende unter den Schutz der Stadtbildpflege gestellt wurden. Stilgerecht wiederhergestellt sind die spätklassizistischen Wohnhäuser seit langem. Sie zeigen eine nur an wenigen Stellen der Stadt vorhandene komplexe Randbebauung. Über die bis 1870 noch »Braunsche Privatstraße« genannte stille Wohnstraße heißt es in den Akten der Bauaufsicht:

»Die spätklassizistischen dunkelgrauen Putzbauten – die Straßenseite mit fünf bis acht Achsen – haben fast sämtlich ein niedriges Sockelgeschoß (manchmal mit Kellerhals), ein hochgelegenes Erdgeschoß und zwei, seltener drei Übergeschosse. Der Eingang fast stets in der Mitte, oft als Durchfahrt. Auf der Rückseite des Grundstücks meist ein für sich stehendes Quergebäude, einige Häuser mit einem rückwärtigen Seitenflügel, seltener mit daran anschließendem Quergebäude. Die Entwürfe für die Häuser stammten von mehreren auch

Charlottenburg, Schustehrusstraße 13: ehem. Bürgerhaus aus der Zeit um 1710. Die Aufnahmen zeigen das Gebäude in den Jahren 1975 (oben) und 1992 (unten).

sonst in Charlottenburg mit Wohnhäusern vertretenen Maurermeistern und Architekten, die zugleich auch die Häuser ausführten. Einige erst niedriger errichtete Häuser wurden in Anpassung an die etwas später entstandenen um ein oder zwei Geschosse erhöht.« Die zwischen 1870 und 1874 von Ernst George, F. Mair Rolph und L. Mertens erbauten Häuser sind inzwischen als Baudenkmale eingetragen.

Nur etwas weiter von dieser Stelle entfernt, trifft man in der Haubachstraße 8 auf ein weiteres Gebäude, dessen äußere Erscheinung an die ländliche Vergangenheit des City-Bezirks erinnert. Das eingeschossige Haus entstand Anfang des 19. Jahrhunderts. Von der nach dem Publizisten und Widerstandskämpfer Theodor Haubach (1896–1945) benannten Straße, in der zwischen 1865 und 1885 erbaute Häuser auf vergangene Wohnkultur hinweisen, entdeckt der aufmerksame, in Richtung Richard-Wagner-Straße gehende Spaziergänger einen aus roten Ziegeln errichteten Bau, dessen spitzbogige Fenster seinen Verwendungszweck ahnen lassen. Es ist die frühere »Eben Ezer-« und heutige »Friedens-Kapelle« der Charlottenburger Baptisten-Gemeinde. Aus der Geschichte des Gebäudes ist bekannt, daß es 1898 für den damaligen Grundstücksbesitzer, den Geistlichen der Apostolischen Gemeinde, Ludwig Rennow, durch den Regierungsbaumeister Carl Moritz entworfen wurde. Zehn Jahre später vermietete Rennows Witwe das Haus an die jüdische Gemeinde zu Charlottenburg. Nach weiteren zehn Jahren übernahm die »Pfingst-Gemeinde« die Kapelle, bis sie dann 1920 für 500.000 Mark an die Baptisten überging.

Geht man weiter durch die meist stillen Wohnstraßen des Schloßbezirks, gelangt man in die Schloßstraße, in der an zwei Beispielen auf die ursprüngliche Bebauung hingewiesen werden soll: In der Anlage der axial zum Kuppelbau des Schlosses verlaufenden Straße erkennt man bereits die frühere großzügige Planung des Verkehrsweges. Zwei Fahrbahnen und eine durch vier Baumreihen besetzte Mittelpromenade kennzeichnen den einstigen repräsentativen Zugang zum Schloß. Von der einmal vorhandenen, sich dem Charakter des Hohenzollernsitzes anpassenden Bebauung ist allerdings nicht viel erhalten geblieben.

Nur zwei ältere Wohnhäuser vermitteln noch einen kleinen Einblick in das Bauschaffen vergangener Tage. Es sind die Häuser Schloßstraße 18 und 67.

Das erste Haus entstand um 1850. Es ist ein Doppelhaus mit einer auf den ersten Blick gleichen räumlichen Aufteilung. Jedoch scheint es nur so, denn der Bauteil 18a hat sieben Achsen zur Straße, der andere (Nr. 18) dagegen nur sechs. Hinzu kommt, daß der erste Gebäudeteil einen rechteckigen Eingang besitzt, während der zweite ein Entree mit Stichbogenabschluß hat. Hier befindet sich außerdem ein offener Verandavorbau mit Treppe und Brüstung im Erdgeschoß und darüber ein auf dünnen Eisensäulen ruhender Balkon.

Lang ist die Reihe der Eigentümer dieses Hauses. Sie reicht vom Königl. Tänzer Bollert, über den Kaufmann Carl Friedrich Lehmann, den Kunst- und Handelsgärtner Ohse, den Königl. Hoflieferanten F. Siegmund bis hin zur »Rentenhaus Erwerbs- und Verwaltungs-Gesellschaft«, die das Gebäude Mitte der 1930er Jahre erworben hatte. 1937 sollte der Bau abgerissen werden, doch kurz darauf wurde der Plan aufgegeben und von den damaligen Eigentümern durch den Architekten Max Lösch ein Umbau- und Renovierungsplan entworfen, der dahin führte, daß das Gebäude nach Abschluß der Arbeiten schließlich unter Denkmalschutz gestellt wurde. Löschs Pläne orientierten sich an einem Umbauentwurf aus dem Jahr 1856. Zu jener Zeit hatten nämlich der Maurermeister G. Gaus und der Zimmermeister J.J. Meyer ähnliches vorgehabt.

Wesentlich stärker gegliedert ist das Wohnhaus Schloßstraße 67. Der in spätklassizistischen Formen vom Baumeister G. Töbelmann errichtete Bau enthält an seiner Vorderfront einen dreiachsigen Säulenvorbau mit einer geschwungenen Freitreppe. Zwischen den Eckpfeilern und der Säulenbrüstung sind Relieffelder angebracht. Die Fenster im Erdgeschoß besitzen ein hochrechteckiges Format, die Fenster im ersten Obergeschoß dagegen einen Rundbogenabschluß. Das Haus, 1890 nach einem Brand wiederhergestellt, erfuhr 1934 kleinere bauliche Veränderungen und nach Beseitigung der Kriegsschäden (1947) einen abermaligen Umbau (1956).

Charlottenburg, Schloßstraße 67: Wohnhaus, erbaut 1873/74 von G. Töbelmann. (Aufnahme 1992)

Kehrt man an dieser Stelle noch einmal zum Ausgangspunkt des Rundgangs zurück, so sollte man einen Blick auf das Gebäudeensemble an der Ecke Haubach-Wilmersdorfer Straße werfen. Vermutlich aus dem frühen 18. Jahrhundert stammt das kleine Haus Haubachstraße 13, das 1823 dem Ackerbürger Karl Peters gehörte, dessen Familie in der nachfolgenden Zeit die angrenzenden zweigeschossigen, in der zweiten Hälfte des vergangenen Jahrhunderts entstandenen Häuser gebaut bzw. erworben hatte. Ebenfalls dem 18. Jahrhundert zugesprochen wird das Eckhaus Haubachstraße 14, das 1880 um ein Stockwerk erhöht wurde. Zum Bild der durch den schwedischen Architekten Eosander von Göthe konzipierten barocken und streng rasterförmig angelegten Straßenführung in diesem Bereich gehört auch der klassizistische, 1877 entstandene Bau an der Haubachstraße 11 Ecke Wilmersdorfer Straße 156 sowie das sich durch eine üppige Ornamentierung und seine durch den Jugendstil inspirierte Fassade auszeichnende benachbarte Wohnhaus aus dem Jahr 1902.

Von diesem Charlottenburger Winkel geht der Weg über die Wilmersdorfer Straße zur Otto-Suhr-Allee und von dort in Richtung Luisenplatz. Bevor wir hier auf die ältere Randbebauung der Platzanlage hinweisen, lohnt ein Halt vor den etwa ab Mitte der 1980er Jahre entstandenen Wohnhäusern, da diese durch ihre zum Teil kühnen Formen nicht nur dem Platz eine neue Gestalt geben, sondern auch mit der vorhandenen Bausubstanz harmonisieren. Zu den neuen Bauten gehören das langgestreckte, östlich des Knobelsdorff-Flügels liegende, in mehrere Blöcke aufgeteilte Wohnhaus von den Architekten Andreas Brandt, Rudolf Böttcher und Jadegar Asisi, die 1982 einen für das Gelände ausgeschriebenen städtebaulichen Wettbewerb für sich entscheiden konnten. Im selben Zeitraum entstanden auf der Baulücke Eosanderstraße 14 das Dreiflügelhaus nach Plänen der Hannoveraner Architekten Philipp Kahl, Kai-Michael Koch und Andreas Uffelmann sowie die sechsgeschossige Zeile am Spreeufer, für die die Architektenteams Brandt/Böttcher und Hielscher/Mügge verantwortlich zeichneten. Ein weiteres Gebäude liegt etwas zurückgesetzt vom Luisenplatz. Es ist der geschwungene, in zwei Zeilen aufgeteilte Baukörper von Hans Kollhoff, bei denen Klinker und Glas dem Gebäude eine außerordentlich attraktive Note verleihen.

3. Stadtplätze

Zu den verkehrsreichsten Plätzen des Bezirks zählt heute der Luisenplatz. Die dem östlichen Seitentrakt des Schlosses vorgelagerte Anlage, 1740–47 von Georg Wenzeslaus von Knobelsdorff erbaut, entstand 1841 nach Plänen Peter Joseph Lennés. Sechzig Jahre später, 1902–05, gestaltete Otto Schmalz den Platz in einen Park um, wobei er das zum selben Zeitpunkt in der Parkmitte aufgestellte, von Joseph Uphues geschaffene Denkmal Kaiser Friedrich III. miteinbezog. Nachdem 1955 das Denkmal aus heute nicht mehr verständlichen Gründen entfernt wurde, erhielt der Platz nach einem Entwurf Joachim Kaisers seine jetzige Gestalt.

Die im westlichen Umfeld des Luisenplatzes stehenden Gebäude sind sowohl bemerkenswerte Kapitel preußischer Kunst- und Kulturgeschichte, als auch markante Punkte im Berliner Stadtbild. Gemeint ist das Schloß Charlottenburg mit seinen herrlichen Gartenanlagen, den Denkmälern und Nebengebäuden. Im Schatten dieses einzigartigen Ensembles stehen andere Bauten, denen man ihre bewegte Vergangenheit jedoch nicht ansieht. So z.B. die über die Spree führende Brücke. Ihre Geschichte geht auf das Jahr 1709 zurück. Damals entstand als Übergang von Spandau nach Charlottenburg eine Holzbrücke. Die »Berlinische Brücke« ersetzte man Anfang des 19. Jahrhunderts durch eine stärkere Jochbrücke, die nun eine sichere Passage für Pferdegespanne brachte und außerdem die Durchfahrt größerer Schiffe zuließ. Im Zuge der Straßenverbreiterung sah man sich um die Jahrhundertwende erneut gezwungen, die Brücke zu erweitern. Der Regierungsbaumeister Ludwig Hoffmann schuf jetzt einen auf Rampen und Pfeilern lagernden eisernen Überbau, der als künstlerischen Schmuck Bildhauer-

Charlottenburg, Eosanderstraße: Wohnhaus von Hans Kollhof, erbaut 1985.
(Aufnahme 1992)

arbeiten von Max Dennert erhielt. Am 1. Oktober 1901 konnte die Brücke dem Verkehr übergeben werden. Bereits ein Vierteljahrhundert später ersetzte das Stahlbauunternehmen Drukkenmüller den Übergang durch eine massive Eisenkonstruktion. Ein Überqueren der Spree an dieser Stelle wurde während der letzten Kriegshandlungen unterbunden; die Brücke war in den Fluten versunken. 1946 barg man den Eisenkörper und setzte ihn auf neugemauerte Uferpfeiler.

Blickt man von der Brücke in Richtung Luisenplatz, so fällt auf der westlichen Platzseite ein mehrgeschossiges Mietshaus auf, das seit einigen Jahren an der Ecke zur Nithackstraße das »Luisen-Café« aufnimmt. Dieses Gebäude gehörte einmal zur sogenannten »Kaiserecke«, einem Gebäudeensemble, das 1905 durch den Architekten Hermann Meier gebaut wurde. Mit Errichtung dieser Häusergruppe mußte ein Landhaus weichen, das 1823 Karl Friedrich Schinkel entworfen hatte. Der klassizistische Bau lag einst auf einem Teil des königlichen Küchengartens, den Friedrich Wilhelm III. dem Kaufmann Samuel Behrend verkauft hatte, und der in den nachfolgenden Jahren vom Königl. Kammerherrn Graf von Hacke, später vom Grafen von Hardenberg bewohnt worden ist. Mit dem Bau der »Kaiserecke«, aber auch mit der sich anschließenden Straßenerweiterung, fiel das Schinkelsche Landhaus der Spitzhacke zum Opfer.

Ein anderes Bild zeigt der Klausenerplatz. Der 180 mal 170 Meter große Blockplatz entstand um 1894 als begrünte Freifläche. Knapp dreißig Jahre später, 1921/22, veränderte der Berliner Stadtgartendirektor Erwin Barth die Anlage, indem er im Mittelteil einen Kinderspielplatz und Pappel-Rondelle anlegte. Während des Zweiten Weltkrieges entstand auf dem Platz ein Feuerlöschbecken, dessen Beseitigung zwischen 1948 und 1950 erfolgte. Bei dieser Gelegenheit erhielt der Platz seine heutige Gestalt und den Namen des von den Nationalsozialisten ermordeten Ministerialdirektors im Wohlfahrtsministerium, Erich Klausener (1885–1934), der als Führer der Katholischen Aktion in Berlin gegen das Terrorregime gekämpft hatte.

Der im Einzugsbereich von Schloß und Garde-Kasernen liegende ehemalige Reitplatz, der von 1887 bis zu seiner Umbenennung »Prinz-Friedrich-Karl-Platz« hieß, diente viele Jahre Berliner Trödlern als Standort. Nach deren Abzug ist es ruhiger geworden, der Platz hat seine ihm zugedachte Funktion wieder übernommen, er ist Ruheplatz und grüne Oase zugleich wie auch der gärtnerisch gestaltete Übergang zur wuchtig seine Seite einnehmenden St.-Kamillus-Kirche, deren hochaufstrebende Zweiturmfassade die Anlage beherrscht.

Seit 1932 steht die von Hermann Mohr entworfene Pfarr-, Kloster- und Seniorenwohnhaus-Kirche am Platz. Der dem ehemaligen Landsknecht und späteren Heiligen Camillus von Lellis geweihte Bau geht auf die Initiative Bernhard Lichtenbergs zurück, der von 1913 bis 1930 Seelsorger in der Herz-Jesu-Kirche war. Nach seinen Vorstellungen sollten die sich dem Orden der Regularkleriker vom Krankendienst verpflichtenden Kamillianer die seelsorgerische Betreuung im Charlottenburger Krankenhausviertel übernehmen. Von dieser Stelle führt der Weg weiter zum Ernst-Reuter-Platz. Mit 180 Metern im Durchmesser ist die in den Jahren 1956–60 angelegte Platzanlage der größte Rundplatz der Stadt. Bernhard Hermkes und Werner Düttmann zeichneten für die Gestaltung verantwortlich. Und daß dieser Platz ebenfalls seine eigene Geschichte besitzt, wird im folgenden deutlich:

Der vielleicht noch als »Knie« bekannte Kreuzungsbereich war ursprünglich End- und Ausgangspunkt zugleich von sechs strahlenförmig aufeinander zulaufenden Straßen ohne jegliche gartenkünstlerische Gestalt. Bis etwa 1830 hieß das Gelände der »Umschweif«, in dem um die Mitte des vorigen Jahrhunderts nur zwei Häuser standen. Das eine, 1865 von Friedrich Hitzig erbaut, gehörte dem Bankier Ferdinand Reichenheim, das andere, aus einem älteren Bau hervorgegangen, hatte 1861 Werner Siemens erworben und in der nachfolgenden Zeit durch den Maurermeister F. Katholi und den Zimmermeister Röhr umbauen lassen. 1939 ersetzte man die Villa Reichenberg durch einen Neubau, während das Siemens'sche Haus im November 1943 einem Luftangriff zum Opfer fiel.

Bereits in den ersten Nachkriegsjahren erfuhr die im Einzugsbereich der Technischen Universität liegende Kreuzung eine großzügige städtebauliche Veränderung. Einhergehend damit erfolgte 1953 die Umbenennung in »Ernst-Reuter-Platz« und schließlich in den darauffolgenden Jahren die Umbauung mit repräsentativen Universitäts-, Bank- und Geschäftsgebäuden.

4. Straßenlandschaften

Die Otto-Suhr-Allee ist im Grunde genommen eine Stadtstraße wie jede andere. Nur sind in ihr zwei Dinge augenfällig: Zum einen ist es der permanent zunehmende Verkehr, den diese Straße als Verbindung zwischen Zoo und Spandau bzw. Wedding/Reinickendorf aufnehmen muß, zum anderen sind es eine Reihe markanter Gebäude, die ihre Randbebauung bilden.

Herausragendes Bauwerk in der nach dem 1957 verstorbenen Regierenden Bürgermeister von Berlin, Prof. Dr. Otto Suhr, benannten Straße ist das in den Jahren 1899 bis 1905 von den Architekten Reinhardt und Süßenguth erbaute Rathaus. Daneben stehen weitere Gebäude, die zwar wesentlich bescheidener sind, deren repräsentative Gestalt aber unverkennbar ist. Eines findet man neben dem Theater »Tribüne« auf dem Grundstück Nr. 16–18. »Ottilie-von-Hansemann-Haus« liest man an seiner Vorderfront, und man erfährt, daß es 1914 unter dem Protektorat der Kaiserin Augusta als Studentinnenheim für die nahegelegene Technische Hochschule konzipiert worden ist. Bis zum Zweiten Weltkrieg diente das Haus seiner zugedachten Verwendung; nach 1945 wurde es ein Behelfskrankenhaus und Altersheim, bis es im Juni 1957 wieder seiner alten Bestimmung zugeführt werden konnte.

Ein anderes interessantes Haus steht auf dem Grundstück Nr. 59. Unter seinem Giebel trägt es die Inschrift »Cecilienhaus«. Ursprünglich als Zentrale für die verschiedenen Wohlfahrtsverbände erbaut, gliederte man ihm 1933 eine Frauenklinik und Entbindungsstation an. Das heute dem Roten Kreuz unterste-

Charlottenburg, Otto- Suhr-Allee 89: ehem. Gutshaus aus dem Jahr 1824; seit 1907 Sitz der »Privilegierten Hofapotheke Anno 1799«. (Aufnahme 1992)

hende und auch von privaten Gewerbebetrieben genutzte Grundstück kann seine Geschichte bis in das Jahr 1909 zurückverfolgen. Es entstand im Auftrag der damals noch selbständigen Stadt Charlottenburg, und da es sich bei dem Bau um eine karitative Einrichtung handelte, mußten Bauplanung und -kosten so gering wie möglich gehalten werden. Doch obwohl der Stadtbauinspektor Walther Spickendorff und der Architekt Stein ehrenamtlich tätig waren, beliefen sich die Gesamtkosten auf mehr als 1,5 Millionen Mark.

Das nächste Haus in dieser Straße ist die »Privilegierte Hof-Apotheke Anno 1799«. Das als alteingesessenes Apothekengeschäft deklarierte Gebäude war allerdings einmal ein Gutshaus, dessen erste urkundliche Erwähnung in das Jahr 1824 fällt. Danach wurde es als Wirtshaus genutzt, bis 1907 die erste Apotheke hier einzog. Nach 1945 erwarb der Apotheker Dr. Waldemar Knoll das Grundstück und ließ es unter fachlicher Beratung des damaligen Denkmalpflegers Konwiarz durch den Architekten Hansrudolf Plarre in seinen heutigen Zustand versetzen. Nebenbei bemerkt: In Charlottenburg gab es tatsächlich früher eine Hof-Apotheke, nur lag diese auf der gegenüberliegenden Straßenseite, und zwar dort, wo jetzt das Rathaus steht.

Nicht allzu weit ist es bis zur nächsten Straßenecke, von der man dann in die Krumme Straße gelangt. Ein Stück Alt-Charlottenburg öffnet sich hier dem Besucher: Einige verblichene Reklameschilder weisen den Weg in die Vergangenheit. So liest man an einem spätklassizistischen Wohnhaus »Gaststätte Alt-Berlin«, und kurz hinter der Kneipe steht »Hufbeschlag-Fahrzeugbau, spez. Eisenkonstruktionen«. Das so firmierende Unternehmen wurde 1889 vom Schmiedemeister Karl Jännert gegründet. Die Jahreszahl »1710« verwirrt allerdings den Spaziergänger. Was mag damit gemeint sein?

Weiter geht der Weg an zwei- und dreigeschossigen Häusern vorbei zum Grundstück Nr. 18. Hier stand einmal ein einstöckiges Ackerbürgerhaus aus dem Jahr 1888, das zugunsten des Opernhauses abgerissen wurde. Baumeister des in renaissancistischen Formen erbauten Häuschens war Gustav Weyhe, der neben dem Gebäude noch einen Kuh- und Pferdestall, eine Remise und ein Waschhaus ausgeführt hatte. Etwa zur selben Zeit erfolgte die Bebauung von zwei weiteren Grundstücken (Nr. 85 und 89). Hier ließ Hermann Marunge durch den Maurermeister Gustav Buckow anstelle eines älteren Wohnhauses ein Mietshaus errichten (1879), und bereits 1871 baute der Ratsmaurermeister Friedrich Pahl das Nachbarhaus (Nr. 89) um und gab diesem eine klassizistische Fassade.

Der auffälligste Bau in der Krumme Straße ist aber das Stadtbad. Durch seine Dimension und die reichverzierte Fassade durchbricht die ehemalige »Volksbadeanstalt« die angrenzende Bebauung. Aus der Vergangenheit der als erstes städtisches Hallenbad für Berlin und Umgebung zum Wohle der Bevölkerung erbauten Badeanstalt ist anzumerken, daß der heute unter Denkmalschutz stehende Bau nach Plänen des Stadtbaurates Paul Bratring und des Stadtbauinspektors Peters Ende des letzten Jahrhunderts errichtet wurde. Mehrere bauliche Veränderungen wurden in den darauffolgenden Jahren vorgenommen. Unverändert blieb dabei das äußere Bild der Badeanstalt, das von Kunsthistorikern wegen der »recht plumpen Formen aus Verblendziegeln, Putzflächen und glasiertem Ziegel- und Tonreliefschmuck« und den mäßigen »Anklängen an die Romantik« mit wenig Sympathie bedacht wird.

Nächste Etappe auf diesem Spaziergang ist der Wohnbereich Sophie-Charlotte-Straße Ecke Seelingstraße. Am Haus Nr. 88 erzählt die Legende auf einer Bronzetafel folgendes: »In diesem Hause wohnte vom 1. September 1892 bis zu seinem Tode der Meister des Zeichenstifts, der Schilderer des Berliner Volkslebens, Heinrich Zille, geb. 10. 1. 1858/Radeburg, gest. 9. 8. 1929 in Berlin. Seinem Andenken die Stadt Berlin 1931« und »Die Zille-Gedenktafel nach 1933 zum Verschrotten gegeben, gerettet von Arbeiterhand, im Jahre 1949 erneuert.« Darüber hinaus schmückt ein von Richard Scheibe modelliertes Bildnismedaillon die Tafel.

Der so Geehrte gehört wohl zu den Persönlichkeiten, die weit über Berlins Grenzen hinaus der Allgemeinheit bekannt sind. Heinrich Zille, Zeichner und Maler und nicht zuletzt Chronist

Charlottenburg, Krumme Straße: Stadtbad Charlottenburg, erbaut 1896–98 von P. Bratring. (Aufnahme 1984)

des Berliner Proletariats, wohnte in dem hier genannten Haus, hoch oben im vierten Stockwerk. 1872 kam Zille mit seinen Eltern nach Berlin. Zwanzig Jahre später bezog er die Wohnung in Charlottenburg. Inzwischen zu einer stadtbekannten Persönlichkeit geworden, nahm ihn die Akademie der Künste als Mitglied auf. Bei der Ernennungsfeier verlas Zille seinen Lebenslauf, in dem es u.a. hieß:

»1872 lernte ich Lithograph und ging die Woche zweimal abends in den Unterricht zum alten guten Professor Hosemann in die Kunstschule, die damals in der Akademie war, ebenso zweimal die Woche zum Professor Domschke, Anatomie, der sehr grob war – und die vollste Klasse hatte: 'Wenn Se noch nich mehr kenn, dann setzen Se sich mit Ihr Brett uff die Treppe un' nehm'n nich hier die hoffnungsvollen Jünglinge, die bald nach Italien wollen, den Platz weg!' – aber die Klasse war übervoll, die jungen Leute freuten sich über den alten Herrn, der so wie der »olle Schadow« sprechen sollte – nach ihm hat's Paul Meyerheim verstanden, das 'Berlinern' weiter auszubilden. Der alte Hosemann ließ mich in seiner Wohnung, Louisenstraße, Am Neuen Tor, ganz gern seine Skizzen und Zeichnungen ansehen und auch abmalen, sagte aber: 'Gehen Sie lieber auf die Straße raus ins Freie, beobachten Sie selbst, das ist besser als nachmalen. Was Sie auch werden – im Leben können Sie es immer gebrauchen; ohne zeichnen zu können sollte kein denkender Mensch sein ...«

Heinrich Zille hatte sich dieses Rates angenommen. Geprägt durch die Kindheit, beeinflußt und geschult durch seine akademischen Lehrer und immer wieder konfrontiert mit dem Berliner Leben, hat er seinen Werken jene Aussagekraft geben können, die uns heute ebenso begeistert wie nachdenklich stimmt.

Einen völlig anderen Charakter hat der Wohnbereich rund um den Schustehruspark. Hier im Karree Schustehrus-, Kaiser-Friedrich-Straße, der Straße am Parkplatz und der Schloßstraße liegt ein etwa 1,2 Hektar großer Grünbereich, der anläßlich des Berliner Stadtjubiläums 1987 nach alten Plänen wiederhergestellt worden ist. Jahrzehntelange Vernachlässigung hatten den einstigen Privatpark wohlhabender Anrainer verkommen lassen. Das 1911 von der Stadt Charlottenburg erworbene und 1914 vom damaligen Gartendirektor Erwin Barth in eine öffentliche Grünanlage umgestaltete Gelände verfiel in den letzten Jahren zusehends. Mutwillige Zerstörung der den Park schmückenden Bildhauer- und Steinmetzarbeiten brachten darüber hinaus das gesamte Grundstück in einen bedenklichen Zustand. Mit der Neugestaltung und der nachfolgenden Eintragung in das Berliner Denkmalbuch erhielt die im Umfeld des Parks lebende Bevölkerung ein »Gesamtkunstwerk« zurück, dessen intimer Charakter besticht.

Der Park, der den Namen des von 1900 bis 1913 amtierenden Charlottenburger Oberbürgermeisters Kurt Schustehrus trägt, ist mit der historischen Vergangenheit des gesamten Geländes eng verbunden. Sie spiegelt sich noch an einigen alten Gebäuden, besonders an der »Villa Oppenheim« (Schustehrusstraße 39–43) wider. Aus ihrer Geschichte ist folgendes überliefert: Auf dem Grundstück der 1881/82 von Christian Heidecke erbauten Villa stand um 1840 ein dem Königl. Kammerherrn und Legationssekretär, Graf von Kameke, gehörendes Wohnhaus, das 1845 an den Bankier und Königl. Geheimen Kommerzienrat Alexander Mendelssohn übergegangen war. Dieser ließ zwischen 1850 und 1868 nach dem Abriß älterer Gebäudeteile ein Orangenhaus, ein »Glashaus«, zwei Torgebäude, ein Gewächshaus und ein großes Treibhaus erbauen. Das Kamekesche Wohnhaus, das zur Zeit Mendelssohns den Namen »Villa Sorgenfrei« trug, wurde dabei gleichzeitig um ein Stockwerk erhöht. Nachdem das Anwesen an Mendelssohns Tochter Margarethe, der Ehefrau des Obertribunalrates O.G. Oppenheim, gefallen war, wurden sämtliche Baulichkeiten auf dem Grundstück abgerissen und an derselben Stelle ein neues Haus errichtet. Parallel dazu entstand ein privater Park, der heute als »Schustehruspark« bekannt ist.

In unmittelbarer Nachbarschaft zur Villa liegt die früher »Sophie-Charlotte-Schule« genannte »Schlesien-Schule«, eine aus roten Verblendziegeln 1915 vom Magistratsbaurat Hans Winterstein erbaute zweiflügelige Anlage. Auf der gegenüber-

Charlottenburg, Schustehrusstraße 39–43: Villa Oppenheim, erbaut 1881/82 von Christian Heidecke; jetzt kommunal genutzt. (Aufnahme 1992)

liegenden Straßenseite an der Ecke zur Nithackstraße dann ein Haus aus unserer Zeit. Der die historische Altbausubstanz durchbrechende, sich aber durch seine moderne Gestalt beeindruckend dem Gelände einfügende Bau ist ein Werk des Architektenehepaares Hinrich und Inken Baller aus den Jahren 1975/76.

Mit ebenfalls moderner Architektur bebaut wurde ein Grundstück unmittelbar neben dem Landgericht am Tegeler Weg. Hier nimmt seit Juli 1987 der fünfgeschossige Erweiterungsbau von Gerd Rümmler den Platz eines unscheinbaren, für die Charlottenburger Lokalgeschichte jedoch nicht uninteressanten Hauses ein. Gemeint ist das Grundstück Tegeler Weg 21, auf dem bis 1984 das Wohnhaus des Königl. Kammerdieners Wilhelm Dreisbach gestanden hatte. Von diesem Häuschen ist bekannt, daß sein Bauherr Mitte des vergangenen Jahrhunderts sich der höfischen Dienste entsagte, um Unternehmer zu werden.

Am 3. Juni 1867 stellte Dreisbach den Bauantrag und bereits sechs Monate später (17. Dezember 1867) konnte er das Haus beziehen. Entstanden war ein »Appartement-Wohngebäude« mit Hof- und Nebengebäuden, in denen Dreisbach im Jahr darauf eine Pappefabrik eröffnete. Die anfänglichen Bedenken der Polizeidirektion, das Grundstück mit seinen Anbauten sei für einen Gewerbebetrieb, in dem mit offenem Feuer gearbeitet würde, nicht geeignet, zerstreute der Eigentümer mit dem Hinweis, daß seine Pappefabrikation nach einem »kalten Verfahren« verläuft. Am Tegeler Weg wurde dann nach Aufstellung eines 16 PS starken Dampfkessels mit der Herstellung von »Holländer Pappe«, »halbweißer« und »Strohpappe« begonnen. Doch nur kurze Zeit war Dreisbachs Unternehmen in Betrieb. Nach dessen Auflösung entstand auf dem Gelände ein Gartenlokal, dem schließlich nach 1945 ein Kindergarten folgte.

Verweht sind die Spuren der Vergangenheit und zugleich erdrückt vom burgartigen Bau des Gerichtsgebäudes, das von 1901–06 nach Plänen von Paul Thoemer, Ernst Petersen und Rudolf Mönnich mit Anklängen an die deutsche und norditalienische Romanik erbaut wurde.

IV. Weltstadtatmosphäre

1. Boulevard-Streiflichter

Als Berlin nach 1945 in zwei politische Hälften zerfiel, wurde der zu beiden Seiten der Kaiser-Wilhelm-Gedächtnis-Kirche verlaufende Straßenzug Kurfürstendamm-Tauentzienstraße das neue Zentrum im freien Teil der Stadt. Der »Ku'Damm«, wie der Boulevard in aller Welt heißt, gehört inzwischen zu den bekanntesten Bummelstraßen Europas. Sein Verkehrsaufkommen beweist es, seine schillernde, menschendurchflutete Atmosphäre verrät die von ihm ausgehende Vitalität.

Daß der Kurfürstendamm neben seiner Nachkriegsgeschichte auch eine jetzt nunmehr über hundertjährige Tradition besitzt, erkennt man an den alten, das neuzeitliche Flair durchbrechenden Fassaden der Nachgründerzeit-Häuser. In der unter dem Einfluß Bismarcks von 1883 bis 1886 entstandenen Prachtstraße künden noch eine beachtliche Zahl schöner und äußerst repräsentativer Wohnhäuser vom Geist des »Wilhelminischen Berlin«. Sie dokumentieren heute ein bemerkenswertes Kapitel deutscher Zeitgeschichte.

Hinter den reichdekorierten Fassaden der zumeist fünfgeschossigen Gebäude lebte einst ein Teil der arrivierten Gesellschaft des kaiserlichen Berlins. Es war die Zeit, in der sich der Kurfürstendamm zu einer der vornehmsten Wohnstraßen Deutschlands entwickelte. Einen Einschnitt in diese Struktur brachte die Zeit zwischen Jahrhundertwende und Erstem Weltkrieg, als die Bewohner langsam aber stetig durch den Handel mit Luxus- und Modewaren verdrängt wurden. Dieser ersten Umwandlung folgten die Auswirkungen der sogenannten »Goldenen Zwanziger«. Cafés, Kabaretts, vor allem Uraufführungs-Theater bestimmten fortan das Bild der Straße. Den schwersten Eingriff erlebte der Kurfürstendamm aber während des Zweiten Weltkrieges. Zahlreiche Häuser waren zerstört, viele in Brand geschossen. Der Boulevard glich einer Ruinenlandschaft. Nur zögernd setzte sein Wiederaufbau ein. Noch bis in die jüngste Zeit wurden wenig attraktive Gebäude in Baulücken gesetzt.

Die weltstädtische Atmosphäre mit ihren wohlproportionierten Gebäuden hat sich inzwischen wieder eingestellt. Bauliche Veränderungen und das Herauslösen bestimmter, den Charakter des Kurfürstendamms negativ beeinflussender Unternehmen holten den größten Teil des alten Glanzes zurück. Und wer heute sein Augenmerk nicht nur auf elegante Hotels und Geschäfte lenkt, sondern auch einmal einen Blick für die Architektur übrig hat, wird feststellen, daß diese Straße viel Interessantes bietet.

Zwei Beispiele sollen zuerst genannt werden: Am Kurfürstendamm Ecke Leibnizstraße steht auf einer kleinen Freifläche ein steinernes Brunnenbecken mit auf seinem Rand aufgesetzten Tierplastiken. Es ist der »Entenküken-Brunnen« des 1868 in Groß-Auheim bei Hanau geborenen Tierbildhauers August Gaul aus den Jahren 1883–1908. Gegenüber dann eines der imposantesten Mietwohnhäuser. Der die nordöstliche Ecke der Kreuzung einnehmende Bau entstand 1905–07 für Hans Toebelmann und Henry Groß, die sowohl Bauherren als auch Architekten des wuchtig wirkenden Gebäudes waren.

Wenige Schritte weiter dann in Höhe des George-Grosz-Platzes erhebt sich auf dem Grundstück Kurfürstendamm 193/194 ein fünfgeschossiger Mauerwerkbau in der Stilform der beginnenden Moderne. Das 1911/12 von Robert Leibnitz errichtete Gebäude war einmal das größte Hotel Berlins. Unter dem Namen »Boarding-Palast« eröffnet, war dem 700-Betten-Haus jedoch kein Glück beschieden. Bereits ein Jahr nach seiner Eröffnung ging das Hotel in Konkurs, wurde dann aber noch bis zum Ausbruch des Ersten Weltkrieges als »Hotel Cumberland« weitergeführt. Danach stellte man den Hotelbetrieb ein, nutzte es seitdem als Bürohaus. Heute untersteht das Gebäude der bundesdeutschen Finanzverwaltung.

Ebenfalls sehenswert ist das Wohn- und Geschäftshaus auf dem Grundstück 14/15. Das als ein gutes Beispiel neobarocker Mietshausbauten geltende Gebäude entstand 1889 durch den Baumeister R. Beyme. Zwei Jahre nach seiner Fertigstellung zog in das Untergeschoß eine Konditorei ein, der später die stadtbekannten »Mampe-Stuben« folgten. Gleichfalls von städtebaulichem Reiz ist das Haus Nr. 25. Alfred Messel und Martin Altgeld bauten es in den Jahren 1891/92. Dieser Bau ist der einzig übriggebliebene von ursprünglich drei im Stil der deutschen Renaissance errichteten Häuser, die mit ihren repräsentativen Fassaden diesen Teilbereich des Kurfürstendamms beherrschten. Beide Nachbargebäude (Nr. 23 und Nr. 24) wurden im Krieg ebenso zerstört wie die im Hofinnern der Grundstücke stehenden Treib- und Gewächshäuser.

Nur wenige Meter trennen das »Hotel am Zoo« (Nr. 14/15) von dem Grundstück Nr. 37, auf dem das 1903/04 von Kurt Berndt und A.F.M. Lange für Philipp Klein erbaute Haus steht. Dieser Bau fällt durch zwei hervortretende Eckrisalite auf, deren Eckpfeiler mit seltsamen Ziermustern versehen sind. Augenfällig ebenso das lange Jahre in der öffentlichen Diskussion stehende Gebäude Nr. 218. Der vom Maurermeister W. Kölln 1896 geschaffene Bau wurde 1902 vom damaligen Chinesischen Reich erworben und diente mehrere Jahrzehnte der chinesischen Gesandtschaft als Domizil.

Viele andere Mietwohn- und Geschäftshäuser von großartigem oder besser weltstädtischem Aussehen gehören zur Physiognomie des Kurfürstendamms. Ein Großteil gehört zur »wilhelminischen« Zeit; jedes Haus hat seine eigene Geschichte, sowohl von den Ereignissen, als auch von den Bewohnern her. So wird man sich beispielsweise noch lange an den verheerenden Brand des Hauses Kurfürstendamm 185 Ecke Wielandstraße erinnern: Am 16. Dezember 1989 starben acht Menschen in der im Haus angesiedelten Hotel-Pension.

Daß dieser Berliner Straßenzug seit jeher auf Einheimische wie Besucher der Stadt Anziehungskraft ausübt, kann man vielleicht den Worten Walther Rathenaus entnehmen, der 1899 in einem Aufsatz über den Berliner Westen schrieb: »... man fühlt sich wie im Fiebertraum, wenn man eine der großen Straßen des Westens zu durcheilen gezwungen ist. Hier ein assyrischer Tempelbau, daneben ein Patrizierbau aus Nürnberg, weiter ein Stück Versailles, dann Reminiszenzen vom Broadway, von Italien, von Ägypten ... tausend mißverstandene Formen quellen aus den Mauern dieser kleinbürgerlichen Behausungen ... hier wohnen ein paar hundert Kanzleibeamte, Ladenbesitzer und Agenten; einer von ihnen hat dieselben Gewohnheiten, Ansprüche und Einkäufe wie der andere ...«

Diese wenig schmeichelhafte Bemerkung des auch als Architekten hervorgetretenen Politikers und Wirtschaftlers Rathenau drückt deutlich seinen Unwillen über das zu seiner Zeit herrschende Stilchaos aus, das vordergründig für Berlins Prachtstraßen – also auch für den Kurfürstendamm – war.

Ob Walther Rathenau beim Anblick der in den letzten Jahrzehnten am Kurfürstendamm entstandenen Architekturschöpfungen ebenso geurteilt hätte, wissen wir nicht. Aber trotz seiner eventuellen Einwände würden Architekten und Städteplaner heute genauso handeln wie damals, d.h., sie würden ihre Ideen bzw. Bauvorstellungen mit Sicherheit realisieren. Und so hat sich Berlins Boulevard aufgrund neuer Konzeptionen an einigen Stellen verändert. Drei Beispiele mögen dies veranschaulichen: Am Kurfürstendamm 165/166 entstand im Juli 1978 nach Plänen von Jan und Rolf Rave im Bereich der Kreuzung zur Brandenburgischen Straße ein achtstöckiges Wohn- und Geschäftshaus, dessen flächige Lochfassade durch Erker aufgelockert ist. Seine Dachlandschaft mit den beiden zurückgesetzten Wohngeschossen wurde so gestaltet, daß die Traufhöhe der »Berliner Höhe« entspricht. Nach Meinung der Erbauer wurde versucht, die »Straßenecke als Charakteristikum und nicht als Zufall zu gestalten«. Ein Jahr später bauten die Architekten von Werder, Pompinon und Beyersdorff auf dem Grundstück des ehemaligen MGM-Kinos, Kurfürstendamm

197/198, ein vielgelobtes Wohn- und Geschäftshaus, bei dem insbesondere die alte Tradition des Eckturmes wieder aufgenommen worden ist. Ebenfalls ein neues, markantes Eckgebäude entstand im März 1982 am Kurfürstendamm Ecke Dahlmannstraße. Rainer Oefelein und Bernhard Freund entwarfen einen aus gläsernen Fassadenteilen bestehenden Bau, der neben Wohnungen auch Läden und Büros enthält und auf dessen Dach Spielgärten angelegt sind. Veränderungen hinsichtlich der Eigentumsverhältnisse gab es dann auch bei der ehemaligen Chinesischen Botschaft, die 1979 an eine Hamburger Immobilienfirma verkauft worden war und seitdem als Geschäftshaus genutzt wird.

Das städtebauliche Bild ändert sich am Breitscheidplatz. Eines der bekanntesten Berliner Wahrzeichen teilt den Bummel-Boulevard: die Kaiser-Wilhelm-Gedächtnis-Kirche steht am Scheitelpunkt zwischen Kurfürstendamm und Tauentzienstraße. Verbunden mit der Geschichte der bereits 1862 im »Hobrechtschen Bebauungsplan« als ein Teil einer Ringstraße konzipierten Magistrale ist die mit einem zentralisierten Langbau auf kreuzförmigen Grundriß entstandene Predigtkirche. Bauzeichnungen und Entwürfe lieferte der als Sieger in dem vom Evangelischen Kirchenbauverein ausgeschriebenen Wettbewerb hervorgegangene Franz Heinrich Schwechten.

Die Grundsteinlegung des im Stil der rheinischen Spätromanik entstandenen Hauses erfolgte am 22. März 1891 in Anwesenheit des Kaiserpaares; vier Jahre später, am 2. September 1895 (dem »Sedanstag«) war der Bau vollendet. Fast fünfzig Jahre blieb das Gotteshaus seiner Gemeinde erhalten, bis am 22. November 1943 die erste Luftmine das Gebäude traf. Weitaus schlimmer waren aber die Folgen der letzten Kampfhandlungen. Die Kirche war in Schutt und Asche gefallen. Nach Beseitigung der Trümmer konnte am Pfingstsonntag 1953 der erste Gottesdienst unter freiem Himmel auf dem Kirchengrundstück abgehalten werden. 1956 erfolgte ein Wettbewerb, der das Ziel hatte, neben den alten Westturm einen Neubau zu setzen, um wieder an zentraler Stelle ein funktionsfähiges Gemeindezentrum zu erstellen. Der Karlsruher Architekt Egon Eiermann, als Sieger in

Charlottenburg, Breitscheidplatz: Motiv von der alten, 1891–95 von Franz Heinrich Schwechten erbauten Kaiser-Wilhelm-Gedächtnis-Kirche. (Aufnahme 1985)

der Ausschreibung hervorgegangen, entwarf ein aus Kirche, Sakristeianbau, Turm und Kapelle bestehendes Ensemble, in dessen Mitte der alte Turm als Wahrzeichen erhalten werden sollte. Am 9. Mai 1959 fand erneut eine Grundsteinlegung statt, und 1962 konnte der achteckige Stahlskelett-Zentralbau mit seinem 76 Meter hohen Turm der Öffentlichkeit übergeben werden. Von der nach ihrer Vollendung heiß und kontrovers diskutierten neuen Kirche gelangt man auf die »Tauentzien«, deren Wandlung von einer einst vornehmen Wohnstraße zu einer außerordentlich belebten Geschäftsstraße sich 1907 vollzog. Damals wurden am Wittenbergplatz sieben Grundstücke zusammengelegt, wobei die erst kurz vorher gebauten prachtvollen Wohnhäuser zugunsten eines einzigen Gebäudes abgerissen wurden: das »Kaufhaus des Westens« (KaDeWe) war im Auftrag der Firmen A. Jandorf und M.J. Emden Söhne nach einem Entwurf Emil Schaudts in der Planung.

Von der ursprünglichen Bebauung der Tauentzienstraße haben nur vier Häuser den Zweiten Weltkrieg überstanden. Auf den zerbombten Grundstücken stehen heute moderne Geschäftsgebäude, von denen das »Europa-Center« mit seinen zweiundzwanzig Geschossen eine neue städtebauliche Dominante gesetzt hat. In diesem Zusammenhang sei noch ein Wort zum Namenspatron der eben genannten Geschäftsstraße gesagt: der preußische General Friedrich Emanuel Graf von Tauentzien (1760–1824) hatte 1814 die Festung Wittenberg eingenommen. Als Dank für seine soldatische Tat wurde er mit dem Namen »Tauentzien von Wittenberg« belehnt – und dieser Name, verknüpft mit einer der bekanntesten Berliner Verkehrsadern, ist Bestandteil des sogenannten »Generalszuges«, den James Hobrecht für die Stadt einst entworfen hatte.

In jüngster Zeit erhielt die Tauentzienstraße einen neuen architektonischen Blickfang. 1991 wurde das vom Architektenbüro Gerkan, Marg und Partner entworfene »Salamanderhaus Berlin« seiner Bestimmung übergeben. Als ein »einprägsamer architektonischer Schwerpunkt« bezeichnet, entfernt sich dieses Geschäftshaus von den üblichen Bürofassaden: die hellgefärbte Aluminiumfront ist von bepflanzten und abends beleuchteten

Wintergärten, einem Werbeturm und Ladenfronten mit zurückgesetzten Galerien aufgelockert.

Eine weitere städtebauliche Dominante liegt nur wenige Meter von der Tauentzienstraße entfernt. Zwischen Budapester-, Nürnberger- und Kurfürstenstraße, also bereits auf Tiergartener Gebiet, entstand nach einem Entwurf der Architekten Pysall, Jensen, Stahrenberg und Grundei das gewaltige Verwaltungsgebäude der Grundkreditbank.

2. »Würdevolle Architekturen« und »wuchernde Phantasien«

Vor einigen Jahren wechselte die seit Jahrzehnten in der Kantstraße ansässige »Landesanstalt für Lebensmittel-, Arzeneimittel- und gerichtliche Chemie« in ihr neues Tiergartener Domizil über. Mit Argusaugen beobachtete ein Teil der Öffentlichkeit den Umzug, da zu diesem Zeitpunkt Ungewißheit über die Nutzung des nunmehr leerstehenden Gebäudes herrschte. Eine Bürgerinitiative beabsichtigte nämlich, das Haus für ihr Projekt »Kinderstadt am Lietzensee« zu verwenden. Doch dieser Traum zerplatzte wie eine Seifenblase, der Berliner Landeskonservator vereitelte den Plan und stellte das Gebäude weiterhin in den Dienst der öffentlichen Hand.

Hier beginnt nun die Bau- und Ereignisgeschichte des Hauses Kantstraße 79: Ein Jahr nach dem Baubeginn des nur wenige hundert Meter entfernt liegenden Amtsgerichts Charlottenburg wurde der Grundstein für das »Haus der Strafabteilung« gelegt (1896). Nach Entwürfen der Geheimen Bauräte Adolf Bürckner und Dr. h.c. Eduard Fürstenau entstand als Dependance des Gerichtsgebäudes ein aus der Straßenfront auffällig heraustretendes Gebäude, dessen Anklänge an das Augsburger Frühbarock zeigende Fassade selbst dem an der Architekturgeschichte dieser Stadt wenig interessierten Zeitgenossen ins Auge springt. Als »Vollzugsanstalt für weibliche Jugendliche« wurde der unter Mitwirkung des Regierungsbauführers Eggert und des

Charlottenburg, Amtsgerichtsplatz: Amtsgericht Charlottenburg, erbaut 1895–97 von Poetsch und Clasen. (Aufnahme 1988)

Baumeisters Boettcher entstandene Bau am 15. September 1897 seiner Bestimmung übergeben.

Dem mit nur zwanzig Metern Straßenfront recht schmalen Haus ist auf der Hofseite ein aus roten Verblendern bestehender Gefängnistrakt angegliedert. Auffällig auch hier ist eine reiche baukünstlerische Gestaltung der Fassaden. Sie wirkt allerdings bescheiden, vergleicht man die alte Justizanstalt mit dem benachbarten Amtsgericht. Hier wurde in weitaus größeren Proportionen gearbeitet: Der auf einem Sockel aus schlesischem Granit sich erhebende Hauptbau ist um einen großen Binnenhof angeordnet. Markant auch das in einem dreiachsigen Mittelrisalit liegende Hauptportal, das das Repräsentationsbedürfnis der Jahrhundertwende widerspiegelt. Das im Märkischen Barock ausgeführte Gerichtsgebäude entstand in den Jahren 1895–97 nach Plänen des Königl. Landbauinspektors und späteren Geheimen Baurates Professor Poetsch und des Regierungsbaumeisters Clasen. Im August 1915 folgte ein Erweiterungsbau für die Zivilabteilung, den der Baurat Schulz entworfen hatte.

Beide Häuser sind Ausdruck einer Bauperiode, die man Historismus nennt. Ganz bewußt gingen die Baumeister dieser Zeit zu Werke; sie wollten den aufstrebenden Städten und Gemeinden eine »würdevolle« Architektur geben. Jedoch tragen die entstandenen Bauten die Stile der Vergangenheit »wie Masken vor dem Gesicht« – so die Meinung der nachfolgenden Architektengenerationen.

Vom Amtsgericht wenden wir uns der Kantstraße Richtung Joachimsthaler Straße zu. Eine Platzanlage ist hier der neue Haltepunkt. Über das Gelände hieß es 1911 in einem Änderungsvorschlag für die angestrebte Bebauung: »Der Hauptverkehrsweg sollte als Brücke mit steinerner Brüstung über zwei gleich große, vertieft liegende Rasenflächen führen. Im Süden der Anlage wollte man eine mit Kastanien bestandene Terrasse aufführen und einen Kinderspielplatz anlegen. In der Mitte sollte ein mit einem Säulenumgang versehenes Milchhäuschen stehen. Der nördliche Platzbereich wurde schließlich so konzipiert, daß er zur Straße hin durch eine über zwei Meter hohe Mauer mit Pergola abgeschlossen war.« Verfasser dieser Zeilen waren die Achitekten Leeser und Leonhardt Rosenthal, die damals die Mißstände an und auf dem 1895 angelegten Schmuckplatz beheben wollte. Jedoch es kam nicht dazu.

Der Savignyplatz, von dem hier die Rede ist, wurde erst in den Jahren 1926/27 durch Erwin Barth verändert. Nachdem Sitzlauben und Staudenrabatten angelegt waren, ließ die Bezirksverwaltung zwei Bronzegruppen des Bildhauers August Kraus aufstellen. Diese Arbeiten trugen den Namen »Knabe mit Ziegenbock«. Eines der Bildwerke verschwand während des Zweiten Weltkrieges, wurde später aber nachgegossen, so daß heute beide Gruppen wieder den vorbildlich wiederhergestellten Platz schmücken.

Die Geschichte des 160 mal 120 Meter großen Blockplatzes gehört zur verkehrstechnischen Entwicklung Charlottenburgs. Bereits 1862 wurde nämlich im Hobrechtschen Bebauungsplan für die Gegend südwestlich des Zoogeländes eine große Zahl neuer Straßen eingetragen, von denen nicht weniger als acht auf den heutigen Platz zuliefen. Die Kantstraße teilte damals den Platz in eine nördliche und eine südliche Hälfte. Hobrechts Konzept wurde nahezu erfüllt, und die rechteckige Anlage erhielt 1887 den Namen des preußischen Justizministers und Rechtsgelehrten Friedrich Karl von Savigny (geb. 21.2.1779 in Frankfurt/M., gest. 25.10.1861 in Berlin).

Von der als Ruhezone dienenden Anlage fällt der Blick in die nahe Carmerstraße. Hier fallen auf dem Grundstück Nr. 10/11 zwei Höfe auf, die sich um zwei Wohnhäuser gruppieren. Sie entstanden 1893 durch Bernhard Sehring. Nach ihrer um 1950 abgeschlossenen durchgreifenden Wiederherstellung entfernte man leider die von Paul Lothar (Müller) in Wasserglasfarben geschaffenen Malereien sowie die von Sehring überaus reich verwendeten, aus Pflanzenmotiven und gemaltem Fachwerk bestehenden Zierate.

Gewissermaßen gleich um die Ecke steht der nächste bemerkenswerte Bau. Vor fast hundert Jahren, am 4. September 1895, wurde auf einem an der Kantstraße gelegenen über 12.000 m² großen Grundstück mit dem Bau des »Theater des Westens« begonnen. Architekt war der durch eigenwillige Bauideen hervorgetretene Bernhard Sehring. Am 1. Oktober 1896 eröffnete man das Haus mit Holger Drachmanns »Tausendundeine Nacht«. Der finanzielle Aufwand, der mit dem Bau des Hauses betrieben worden war, führte alsbald zu erheblichen Schwierigkeiten. Die Folge war, das in kurzer Zeit mehrfach die Intendanz des Theaters wechselte, bis schließlich unter einem weiteren Intendanten das Haus in »Goethe-Theater« umbenannt wurde.

In der darauffolgenden Zeit wurde das Theater für Operetten – später für Opernaufführungen genutzt. Nach 1918 hieß der Musentempel »Große Volksoper«, aber die so vielversprechend begonnene neue Ära traf 1924 erneut auf finanzielle Schwierigkeiten, so daß die Theaterleitung das Haus vorübergehend schließen mußte. Danach, inzwischen wieder in »Theater des Westens« umbenannt, diente es den Aufführungen von Operetten und Singspielen.

In den 30er Jahren beherbergte der Theaterbau erneut die Volksoper, und nach Beendigung des Zweiten Weltkrieges wurde er als Ersatz für das zerstörte Opernhaus in der Bismarckstraße als Opernbühne unter dem Namen »Städtische Oper Berlin« mit Beethovens »Fidelio« am 1. August 1945 eröffnet. Dies blieb so bis 1961. Nach dem Auszug der Opernbühne und dem Wechsel in das neue Haus in der Bismarckstraße war das Theater unter seinem traditionsreichen Namen wieder Spielstätte für Operetten und Musicals.

Seit seiner Erbauung war das mit 1.700 Sitzplätzen ausgestattete »Theater des Westens« nicht nur einer der größten Theaterbauten der Stadt, sondern auch dank seiner äußerst prunkvollen Ausstattung ein Haus mit besonderer Atmosphäre. Ausdruck der baukünstlerischen Vielfalt ist bereits die dekorative Außenfassade. Bernhard Sehring, dessen Name in Verbindung mit der Inschrift »Hanc domum artis colendae causa condidit / anno MDCCCLXXXVI« auf dem Gebälk an der Vorderseite genannt wird, geizte nicht mit unterschiedlichen, in sich vermischten Stilformen. Die vorherrschende Architektur der Frontseite bewegt sich zwischen Empire- und Jugendstil, die sich mit dem sogenannten Paladianismus (benannt nach dem Italiener Andrea Palladio (1508–80) vereinen. Das in seinem Originalzustand vor einigen Jahren wieder entstandene Theater läßt diese Vielfalt erkennen; leider wurde 1958 die früher auf der Attika des Gebäudes stehende Bronzegruppe »Perseus befreit Andromeda« von Johannes Pfuhl entfernt.

Von dieser Stelle schräg gegenüber trifft man auf einen in roten Verblendziegeln aus Rathenower Backstein errichteten Bau, der aus zweierlei Gründen sehenswert ist: zum einen ist es die skurril wirkende Gebäudegruppe selbst, zum anderen seine Geschichte, die sich hier um eine Person dreht.

Wir meinen das »Künstlerhaus zum St. Lukas« in der Fasanenstraße 11. Bauherr und Architekt zugleich war wieder Bernhard Sehring (1855–1942). Seinen Bauidealen folgend, entwarf er ein durch zahlreiche bildnerische und malerische Attribute ausgezeichnetes Mietwohnhaus mit zwei rückwärtigen Seitenflügeln und einem kurzen Quergebäude. Die »wuchernde

Charlottenburg, Fasanenstraße 11: Portal des 1889/90 von B. Sehring erbauten »Künstlerhauses zum St. Lukas«.(Aufnahme 1989)

Phantasie« des Baumeisters spiegelt sich bereits an der Straßenfront wider: Ein reich ausgebildetes Portal in den Formen der französischen Renaissance wird von zwei Löwen flankiert, die linke Hausseite enthält ein Sandsteinrelief, das den Hl. Lukas als Schutzpatron des Künstlerhauses darstellt. Im Innern der Toreinfahrt steht ein Berliner Bär sowie ein kunstvoll geschmiedetes Gitter. Unterhalb des Dachrandes befinden sich mehrere Pferdeschädel, und auf dem Dachturm sitzt ein Storch. An den Straßen- und Hofseiten brachte Sehring mehrere Altane, Balkone und Erker an, und auf einigen vorragenden Sockeln ließ er Skulpturen unterschiedlicher Größe aufstellen. Einen weiteren Blickfang besitzt der Komplex im Hof. Hier steht eine von Nikolaus Friedrich 1906 geschaffene Brunnenanlage, die in einer rückwärts offenen Ädikula eine stehende Wassernymphe aufnimmt.

Neben diesen Architekturelementen und Bauplastiken wurden zu Sehrings Zeiten die Innenräume mit über dreihundert Gemälden, Skulpturen und Möbeln ausgestattet, die der Architekt aus Kirchen und Schlössern in Italien und Tirol erworben hatte. Sehring selbst bezog damals im zweiten Obergeschoß des linken Seitenflügels eine Wohnung, in der er auch sein Atelier unterbrachte. Sein Grundkonzept – billige Wohn-, Arbeits- und Erholungsplätze für Berliner Künstler zu schaffen – konnte mit dem merkwürdig anmutenden Haus realisiert werden, denn alle Wohnungen besaßen ein großes Atelier mit Nebengelaß, und darüber hinaus gab es mehrere Gemeinschaftsräume und eine auch der Öffentlichkeit zugängliche Künstlerkneipe.

Im »Künstlerhaus zum St. Lukas« ließ sich alsbald eine illustre Schar bildender Künstler nieder. Zu ihnen gehörte das Ehepaar Max und Käthe Kruse. Er, ein Bildhauer (»Siegesbote von Marathon«) und sie, einst eine biedere Hausfrau und Kunstgewerblerin, die dann ab 1910 nach der Devise »Spielzeug aus eigener Hand«, ihre später berühmten »Käthe-Kruse-Puppen« herstellte, die, unterstützt durch den Verkauf im Warenhaus Tietz, den Siegeszug um die Welt antraten.

Läuft man von diesem Haus in Richtung Kurfürstendamm, so trifft man nach dessen Überquerung auf ein Gebäudeensemble, das noch vor nicht allzu langer Zeit für Schlagzeilen in der Berliner Presse sorgte. Die Häuser Fasanenstraße 23 bis 26, die zu den ersten Einfamilien-Reihenhäusern Charlottenburgs gehörten und als Versuch einer neuartigen Eigenheimgestaltung angesehen werden, waren vorübergehend Spekulationsobjekte. Nach vielem Hin und Her fiel die Entscheidung: Statt Abriß entschloß man sich für die Wiederherstellung des Ensembles, wobei lediglich eine Halbruine abgetragen wurde.

Dieses Gebäude stand vor dem »Wintergarten«, der nun von der Straße her gut eingesehen werden kann. Das zur Physiognomie der Fasanenstraße gehörende Haus, das als »Jockey-Bar« durch Hans Scholz' Roman »Am grünen Strand der Spree« zu literarischen Ehren gekommen ist, wurde im Gegensatz zum Nachbarhaus in die Erneuerung der Reihenhäuser miteinbezogen. Anders das Schicksal des Hauses Nr. 25. Der im Zweiten Weltkrieg schwer beschädigte Bau, der 1871 für den Königl. Kanzleirat Hans Schirmer durch den Maurermeister Mertens erbaut und in den nachfolgenden Jahren mehrfach verändert worden war – so z.B. 1888 durch August Orth und 1911 durch die Architekten Breslauer und Salinger – ist der Spitzhacke zum Opfer gefallen. Wiederhergestellt wurde das 1891/92 im Renaissance-Stil erbaute Wohnhaus für Hans Grisebach. Der auffällige Bau, dessen Mittelachse als Rundturm mit aufgesetztem Spitzhelm ausgebildet war, fiel 1919 an die Grundstücksgesellschaft »Awag«, ging dann später in Privatbesitz über und beherbergt heute eine Galerie. Ein anderes Bild zeigt das Wohnhaus Nr. 26. Durch die Förderung der Berliner Stadtbildpflege, vor allem aber durch Privatinitiative der »Gallinge Baubetreuungs- und Immobilienvermittlung GmbH« konnte das Gebäude gerettet werden. Wilhelm Mertens entwarf die Pläne für das 1982/83 entstandene Großstadt-Reihenhaus. Auch hier wurden Renaissance-Formen verwandt, die mit ihren Gliederungen in Sandstein und den gelblich-weißen Mettlacher Verblendziegeln sowie den von H. Giesecke ausgeführten Bildhauerarbeiten die Randbebauung der Straße beleben.

Ein optischer Blickfang ist auch das in der benachbarten Uhlandstraße 171–174 liegende Doppelwohnhaus. Als »Uhlandschloß« bezeichnet, verkörpert dieses langgestreckte Mietwohnhaus die Bautradition der Jahrhundertwende. Entstanden 1898 nach Plänen des Kirchenbaumeisters Engelbert Seibertz, wurde der wilhelminische Bau 1989 durch die Initiative des Architekten Reinhard Müller einer grundlegenden Modernisierung unterzogen. Investor des 14 Millionen-Mark-Projekts war die Klingbeil-Gruppe.

3. Im Drehpunkt der Ost-West-Achse

»Die Notverordnung betr. Krankenkassen hat mir die halbe Praxis genommen – da versuche ich es wie andere einmal woanders ...« Mit dieser Feststellung zog der Dichterarzt Alfred Döblin (1878–1957) in den 1920er Jahren von der Frankfurter Allee in das Haus Kaiserdamm 28 um. Hier lebte und arbeitete der Autor des Romans »Berlin-Alexanderplatz« bis 1933, dann ging er über Zürich in das französische Exil. Zur selben Zeit wohnte in dem nur wenige Schritte entfernt liegenden Haus Kaiserdamm 102 der Essayist, Dramatiker und Begründer des Renaissance-Theaters, Theodor Tagger, der aus der Verehrung für seine Landsleute Ferdinand Raimund und Anton Bruckner das Pseudonym Ferdinand Bruckner angenommen und mit seinen Werken außergewöhnlich starke Beachtung gefunden hatte.

Der Kaiserdamm ist das durch Charlottenburger Gebiet führende Teilstück der Ost-West-Achse. Ausgangspunkt ist der Sophie-Charlotte-Platz. Der im historischen Gelände liegende Stadtplatz, heute ein Drehpunkt innerhalb des frequentierten Straßenzuges, war bereits 1706 im Eosanderschen Plan als Anlage vorgesehen. Der Ausbau und die gärtnerische Gestaltung des Platzes erfolgte jedoch erst um 1910.

In diese Zeit fiel auch die Randbebauung des Kaiserdamms mit großen und repräsentativen Wohn- und Verwaltungsgebäuden. Zu den markanten Bauten zählt das völlig unversehrt über den Zweiten Weltkrieg gekommene Haus Kaiserdamm 118 Ecke Suarezstraße. Das in jüngster Zeit mit einem freund-

Charlottenburg, Kaiserdamm 118, Ecke Suarezstraße: Mietwohnhaus, erbaut 1907 von Hermann Heider. (Aufnahme 1989)

lichen Anstrich versehene viergeschossige Wohnhaus zeigt zur Platzseite hin eine dekorative Fassade. Unterhalb eines hochgezogenen Renaissance-Giebels mit Schweifwerk liegen vier über die Stockwerke verteilte Erker, deren oberster Abschnitt mit Kupferplatten bedeckt ist. Bemerkenswert ist auch das romanische Eingangsportal mit kräftiger Bogenlaibung und figürlichem Schmuck. Das 1907 vom Architekten Hermann Heider für seinen Bruder, den Kaufmann Kurt Heider, erbaute Haus wurde kurz nach Beendigung des letzten Krieges von den Sowjets beschlagnahmt. In die bis zu 400 Quadratmeter (!) großen Wohnungen zogen Offiziere der Roten Armee ein, die sich anstelle eines deutschen Hausmeisters von Rotarmisten bewachen ließen. Die ungebetenen Gäste besaßen jedoch Sinn für deutsche Wohnkultur: das holzgetäfelte und mit einem

Kamin geschmückte Entree überstand unbeschadet die Besatzungszeit.

Dem Wohnhaus gegenüber erstreckt sich mit 78 Metern Straßenfront das ehemalige Polizeipräsidium der Stadt Charlottenburg. Der in neobarocken Formen ausgeführte Bau entstand in den Jahren 1906 bis 1910. Den um zwei Innenhöfe geordneten Verwaltungsbau entwarfen der Geheime Oberbaurat Launer und der Regierungsbaumeister Kloeppel. Infolge des sumpfigen Untergrundes, der auch in früherer Zeit den Ausbau des Sophie-Charlotte-Platzes verhindert hatte, mußte der großzügig angelegte Gebäudekomplex auf Stahl-Betonpfählen gegründet werden. Die Gesamtkosten für diese Baumaßnahme beliefen sich auf 117.000 Mark.

Eine andere Formensprache zeigt der Wohnkomplex Kaiserdamm 25. Das von Hans Scharoun und Georg Jakobowitz für die »Aktiengesellschaft West für Textilhandel« 1928/29 erbaute fünfgeschossige Appartement-Haus ist ein wirkungsvoller Kontrast zu den älteren Wohnhäusern am Kaiserdamm. Die Wohnungen bestehen hier aus Ein- und Zweiraum-Wohnungen. Sie sind also wesentlich kleiner als die in den repräsentativen alten Häusern dieser Straße.

V. Im Universitätsviertel

1. Zwischen Technik und Wissenschaft

Im Bereich des Straßengevierts Cauer-, Berliner- (heute Otto-Suhr-Allee), Marchstraße und Charlottenburger Ufer gab es noch kurz nach der Jahrhundertwende eine Reihe privater und staatlicher Institutionen, die zwar keinen universitären Charakter besaßen, allerdings, wenn auch im übertragenen Sinn, eine Verbindung zum 1878–1884 erbauten Hauptgebäude der damaligen Technischen Hochschule Charlottenburg herstellten. Es waren dies das vom »Comitée zur Erleuchtung der Stadt Charlottenburg« ins Leben gerufene »Gaswerk Charlottenburg I«, zwei in den Jahren 1861/62 gegründete Glashütten (»Albertinenhütte« und »Glashütte Boeck und Kersten«), die »Normal Aich-Commission« und die »Physikalisch-technische Reichsanstalt«.

Von diesen Einrichtungen haben nur die beiden letzten die Zeiten überdauert, die Glashütten wie auch die Gasanstalt sind längst verschwunden. Verändert wurden auch die Namen von zwei das Viertel tangierenden Straßen: das Charlottenburger Ufer trägt den Namen des Physikers Albert Einstein und die Berliner Straße hält die Erinnerung an einen früheren Regierenden Bürgermeister von Berlin wach.

Blicken wir zuerst in die Vergangenheit der noch vorhandenen Anstalten, deren Gebäude sich zwischen March- und Abbestraße erstrecken sowie auf das Grundstück Fraunhoferstraße 11/12: Dieser Gebäudekomplex gehörte einmal der »Reichsanstalt für

Arbeiterwohlfahrt«, dem das »Deutsche Arbeitsschutzmuseum« angegliedert war. Von der bauhistorischen Vergangenheit des Gebäudes ist bekannt, daß auf dem bereits vor der Jahrhundertwende vom Deutschen Reich erworbenen Grundstück nach Plänen des Geheimen Regierungsrates Huckels durch den Hofbaumeister G. Clemens ein Gebäude für die »Ständige Ausstellung für Arbeiterwohlfahrt« erbaut worden war. In dem kurz darauf erweiterten Haus eröffnete dann 1903 das Arbeitsschutz-Museum seine Pforten. Die bis 1932 vergrößerte Reichsanstalt, in der u.a. auch eine Schachtanlage und ein Salzbergwerk zu besichtigen waren, erlitt im Zweiten Weltkrieg schwere Schäden. Der noch vor Ende des Krieges von einem Unternehmen der Werkzeugmaschinen-Branche genutzte Komplex stand schließlich nach 1945 zur Disposition. Auch in diesem Fall wurde spekuliert. Inzwischen sind klare Verhältnisse eingetreten, die Gebäude stehen unter dem Schutz des Landeskonservators, da allein die Konstruktion der Halle als ein letztes Beispiel gläserner Ausstellungshallen des 19. Jahrhunderts angesehen wird. 1988 wurde das Gebäude für die Ausstellung »Verloren, gefährdet, geschützt – Baudenkmale in Berlin« nach Jahren wieder der Öffentlichkeit zugänglich gemacht.

Vom in der Tradition märkischer Backsteingotik erbauten Gebäude wenden wir uns dem auf nahezu quadratischem Grundstück stehenden gelben Verblendziegel-Bauten der »Physikalisch Technischen Bundesanstalt/Institut Berlin« und dem »Landesamt für Meß- und Eichwesen/Eichdirektion Berlin« zu.

Hervorgegangen sind die inzwischen mehr als hundert Jahre alten technisch-wissenschaftlichen Einrichtungen aus dem Gedanken, ein zwischen der Königl. Technischen Hochschule und der Industrie kooperierendes Institut »zur Hebung der Präzisionsmechanik« zu gründen. Die Initiatoren dieser Idee, die Professoren Schellbach und Foerster, fanden in Kronprinz Friedrich und Generalfeldmarschall von Moltke lebhafte Förderer ihres Planes, außerdem begeisterte sich Werner von Siemens für das Unternehmen, für das er nicht nur ein ihm gehörendes, in der Nähe des »Knies« (heute Ernst-Reuter-Platz) liegendes Grundstück kostenlos zur Verfügung stellte, sondern auch wesentlichen Einfluß auf den Bau der Institutsgebäude nahm.

Die in chemische, physikalische und technische Abteilungen gegliederte wissenschaftliche Anstalt bestand aus einem Haupt- und Verwaltungsgebäude, einem Präsidenten- und Beamten- wohnhaus, dem Observatorium sowie einem Maschinenhaus und dem chemischen Laboratorium. Für den 1895 begonnenen und dann noch während der Kaiserzeit erweiterten Bau der Reichsanstalt zeichnete Theodor Astfalck als Architekt verantwortlich. In der Folgezeit – bis 1939 – kamen weitere Laboratoriumsgebäude hinzu, die nach Plänen der Ober- regierungs- und Bauräte Stegmann und Bruckmann erbaut wurden. Im Zweiten Weltkrieg fielen die Häuser der Anstalt in Schutt und Asche. Ab 1954 erfolgte der umfassende Wieder- aufbau, bei dem dann die alten Gebäude die Namen der sich um die Anstalt verdient gemachten Forscher und Ingenieure er- hielten. Die Häuser heißen seitdem »Siemens-«, »Warburg-« und »Foersterbau«. Sie prägen wieder das Antlitz eines Grund- stücks, dessen Vergangenheit nahezu vergessen ist.

Einige hundert Meter weiter stößt man auf den weitläufigen Komplex der »Technischen Universität Berlin«. Hier dominieren eine Reihe moderner Institutsbauten, von denen der in den 1960er Jahren entstandene zehngeschossige Gebäudetrakt der Hauptverwaltung der Architekten Kurt Dübbers und Carl- Heinrich Schwennicke eine Art »Kontrastarchitektur« bildet. Zu den ersten nach dem Krieg auf dem alten TU-Gelände erbauten Gebäuden gehört ebenso das Haus der Institute für Bergbau und Hüttenwesen. Der elfgeschossige Stahlskelettbau entstand 1955–59 nach Plänen Willy Kreuers. Weitere in der Folgezeit erbaute Universitätsgebäude umschließen längst die alten Kerngebäude. Sie erdrücken beinahe das im Stil der italienischen Hochrenaissance entstandene, zwischen 1878 und 1884 von Richard Lucae, Friedrich Hitzig und Julius Raschdorff erbaute Hauptgebäude, wie auch den in den Jahren 1900–02 und 1913/14 von Eggert und Leibnitz entworfenen Erweite- rungsbau.

Charlottenburg, Straße des 17. Juni: Hauptgebäude der Technischen Universität Berlin, erbaut 1967 von Kurt Dübbers und Karl-Heinrich Schwennicke. (Aufnahme 1990)

Zwischen Stamm- und Nordgelände der TU Berlin fällt ein Bauwerk auf, das eine Trennlinie zwischen dem Grün des Tiergartens und dem Grau der Universitätsgebäude bildet. Es ist ein nach klassischen Vorbildern erbautes und mit plastischem Schmuck versehenes Brückenbauwerk. Bernhard Schaede schuf 1907 diese Architektur, die die alte, bescheidene Charlottenburger Brücke ersetzte und die damals aufwendigste Brückenanlage der Stadt Charlottenburg war. Die gewaltigen, die hölzerne Klappbrücke verdrängenden Toraufbauten zeugten vom Repräsentationsbedürfnis der Gemeinde; darüber hinaus wurden auf Anregung Kaiser Wilhelms II. die überlebensgroßen Bronzestandbilder der Begründer Charlottenburgs – Königin Sophie Charlotte und König Friedrich I. – aufgestellt. Der Bildhauer war der Friedenauer Künstler Heinrich Baucke. Noch vor der Zerstörung im letzten Krieg bereicherte Georg Wrba die inneren Torpfeiler mit den bronzenen Bildwerken »Stürmisches Wasser«

und »Ruhiges Wasser«. Diese allegorischen Figuren wurden nach Beseitigung der Kriegsschäden allerdings nicht mehr an ihren ursprünglichen Standort zurückgebracht.

Im Einzugsbereich des hier beschriebenen Geländes entstanden im sogenannten Spreebogen weitere wissenschaftliche Einrichtungen, die sich aufgrund ihrer Architektur deutlich von der traditionsreichen Altbausubstanz abheben. Genannt seien das von der Architektengemeinschaft Fesel, Bayerer, Hecker und Ostertag entworfene Doppelinstitut von TU Berlin und Fraunhofer-Gesellschaft, das als ein herausragendes Beispiel moderner Industriearchitektur mit dem Deutschen Architekturpreis ausgezeichnet wurde; das von denselben Architekten entworfene Institutsgebäude für Elektrotechnik am Einsteinufer (1988) sowie das 1989 gebaute Institut für Agrartechnik und Verkehrsfahrzeuge, für das Hans Wehrhahn die Pläne lieferte. Hervorgehoben werden sollten in diesem Zusammenhang auch das Mathematikgebäude von Sartory und Kohlmeier und der langgestreckte Physikbau an der Hardenbergstraße, für den die Architekten Hundertmark, Lambert und Partner verantwortlich zeichneten.

2. Am Ernst-Reuter-Platz

Wir verweilen noch einen Augenblick zwischen den Universitätsbauten, denn hier befinden sich einige Denkmäler und Architekurreste, die vermutlich nicht jedem an der Stadtgeschichte interessierten Leser bekannt sein dürften.

So findet man auf dem Stammgelände ein Fragment des ehemaligen Borsigschen Landhauses, monumentale Säulenreste vom alten Berliner Dom, den Gedenkstein für Franz Reuleaux (1829–1905), weiland Professor und Direktor der Gewerbeakademie sowie im Erweiterungsbau an der Straße des 17. Juni die überlebensgroße Bronzeplastik von Alfred Krupp (Ernst Herter, 1899). Auf dem sogenannten TU-Nordgelände stehen die von Wilhelm Wandschneider geschaffene Bronzestatue von Werner von Siemens, und wenige Schritte weiter dann zwei

Gebäude, die auf die Wohlhabenheit des preußischen Bürgertums hinweisen. Von diesen soll hier zuerst die Rede sein.

Im Jahre 1905 wurde auf dem Terrain des ehemaligen Ausstellungsgartens der Marchschen Tonwarenfabrik für den Verlagsbuchhändler Georg Stilke ein stattliches Wohnhaus errichtet, dessen Ausführung den damals geschätzten Architekten Heinrich Kayser (1842–1917) und Karl von Großheim (1841–1911) übertragen wurde. Das Gebäude war der Auftakt zu den »Dreifenster-Häusern«, die um die damals noch Sophienstraße heißende heutige Bellstraße gebaut wurden. Das Haus, das in ein Erdgeschoß, zwei Obergeschosse und ein ausgebautes Dachgeschoß unterteilt war, bekam als äußere Attribute eine Verkleidung in Form von weißen Verblendziegeln, wobei die Gliederung in Sandstein, das Dachgeschoß dagegen in Fachwerk ausgeführt wurden. Als Blickfang erhielt das Gebäude ein malerisches Dach mit Giebel, kleinen Dachfenstern und seitlicher Kuppel. Hinzu kam ein auf der Gartenseite gelegener großer, über zwei Geschosse reichender Speisesaal, von dem eine Treppe in den sich anschließenden Salon im ersten Obergeschoß führte. Analog zu dieser räumlichen Aufteilung gestaltete man den rückwärtig gelegenen Garten. Im Auftrag des finanzkräftigen Besitzers enstanden hier eine Lawntennis- und Bocciaanlage, ein Kinderspielplatz, eine Laube und ein Gemüsegarten.

Die geschmackvolle Ausführung der Stilke-Villa war der Anlaß, weitere Villen auf den bis dahin unbebauten Grundstücken zu errichten. Einer der ausführenden Architekten wurde der durch seine Kirchen-, Theater- und Sportbauten bekannt gewordene Otto March (1845–1913). Nach seinen Plänen entstand 1904/05 auf dem Nachbargrundstück die Villa für Dr. J.F. Holtz. Mit diesem Haus begann dann letztlich die Bebauung des Areals mit »Cottage-Häusern«, die hinter schmalen Vorgärten lagen. Die individuelle Gestaltung nach englischen Vorbildern war vordergründig: Ein seitlicher Erker, ein betonter Eingang in der Mitte und ein großer abschließender Giebel kennzeichneten das äußere Bild der Häuser. Außerdem erhielten sie im Innern einen kleinen Lichthof mit Treppenhaus und eine große Diele mit Oberlicht.

Der Weg führt hier über die Marchstraße noch einmal zum Ernst-Reuter-Platz, der mit seiner historischen Vergangenheit ein bemerkenswertes Kapitel Berliner Architekturgeschichte ausweist, die sowohl von der Anlage als auch von der früheren Randbebauung einen Einblick in die Entwicklung der ehemaligen Stadt Charlottenburg gewährt. Folgen wir dem Lauf der Geschichte:

Verknüpft mit ihr ist ein vom Brandenburger Tor über den Tiergarten nach Charlottenburg Ende des 17. Jahrhunderts angelegter Verkehrsweg, der das durch Kurfürst Friedrich III. für seine Gemahlin Sophie Charlotte erbaute Schloß in der Lützower Gemarkung erreichen sollte. Diese barocke Berliner Hauptachse, die im Charlottenburger Raum zunächst Große dann Lange neue Straße hieß, knickte im Bereich der jetzigen Platzanlage nach Nordwesten ab und verlief dann als Berliner Chaussee bzw. Neue Berliner Straße zum Schloß. Den Knick nannte man Umschweif, später, seit etwa 1830, das »Knie«.

Das platzähnliche, von mehreren Straßen angelaufene Areal war schon Ende des vergangenen Jahrhunderts ein bedeutender, allerdings auch ein nahezu gestaltloser Verkehrsknotenpunkt. Lediglich die an seiner Peripherie entstandenen Häuser gaben dem Gelände ein großstädtisches Aussehen. Von all dem ist heute nur der an den Platz grenzende Erweiterungsbau der ab 1877 entstandenen Technischen Hochschule erhalten. Die anderen, vor und kurz nach der Jahrhundertwende erbauten Gebäude fielen dem Krieg zum Opfer.

Zu den Häusern, die einmal den weitläufigen Kreuzungsbereich umgaben, gehörten u.a. das »Etablissement Hippodrom« auf dem Grundstück Hardenbergstraße Ecke Kurfürstenallee, das an derselben Stelle 1924 erbaute »Hochhaus am Knie« und das »Grand Hotel am Knie« an der Ecke Bismarck-Berliner Straße (heute Otto-Suhr-Allee). Zur Geschichte dieser Gebäude ist zu bemerken, daß das seit etwa 1862 bestehende Hippodrom 1888 durch einen aufwendigen, in Renaissanceform errichteten Neubau ersetzt worden war, der dann im Zuge der in den 1920er Jahren auftauchenden Pläne für eine Umgestaltung des Platzes von einem weiteren Neubau abgelöst wurde. Dieses durch Friedrich Wilhelm Göhre für die Rüttgerswerke AG. und die Deutsche Petroleum AG. errichtete Gebäude war eines der ersten Berliner Hochhäuser. Heute steht an seinem Platz das Hochhaus der Berg- und Hüttenleute. Weniger wechselvoll ist die Geschichte des alten »Grand Hotel«. 1896 ließen die Kaufleute Hugo und Max Balck von einem heute nicht mehr nachzuweisenden Architekten einen reichgegliederten, von Ecktürmen bekrönten fünfgeschossigen Bau errichten, der 1922 als »Hotel am Tiergarten« und dann von 1927/28 als »Grand Hotel am Knie« firmierte. Von 1939 bis zu seiner Zerstörung diente das Haus der Verwaltung des Deutschen Reiches. An seiner Stelle erhebt sich jetzt ein 1958–60 von Paul Schwebes und Hans Schoszberger erbautes Hochhaus.

In den letzten Jahren veränderte sich der Platz mehrfach. Es kamen weitere Geschäfts- und Institutsbauten hinzu, und das gartenkünstlerisch gestaltete, von 41 Springbrunnen belebte Platzinnere erhielt als bemerkenswerten Schmuck eine Fahnengalerie. Nur ein paar Meter trennen das Platzrund von der Hardenbergstraße 6. Hier, an der Ecke zur Knesebeckstraße, steht das Renaissance-Theater, ein 1902 von den Architekten Reimer und Körte erbauter Musentempel mit interessanter Vorgeschichte. Um die Jahrhundertwende plante der »Akademische Verein Motiv« den Bau eines eigenen Vereinshauses auf einem Grundstück, das dem Königl. Baurat Wilhelm Böckmann gehörte. Der aus dem Verein hervorgegangene Architekt Georg Reensch entwarf das erste Baukonzept, das jedoch abgelehnt wurde. Der zweite und dann befürwortete Entwurf, den ein aus den Architekten Alfred Messel, Hermann Ende und Ludwig Hoffmann bestehendes Fachgremium favorisiert hatte, kam schließlich zur Ausführung. Nach kriegsbedingten Veränderungen (Nutzung als Lazarett, Ansiedlung einer Gaststätte im Untergeschoß), erfolgte 1919 der Umbau des Hauses in ein Kino. 1921 hieß der Betrieb nach Umbauten durch A. von Goedecke »Terra-Theater«. Aber bereits ein Jahr später, am 28. Oktober 1922, leitete in den Räumen des Motivhauses der österreichische Dramatiker Ferdinand Bruckner mit Lessings »Miß Sarah Sampson« eine neue Theater-Ära ein. Obwohl

Charlottenburg, Hardenbergstraße 6: Renaissance-Theater, 1902 durch Reimer und Körte aus einem Vereinshaus entstanden, umgebaut 1926 von Oskar Kaufmann. (Aufnahme 1983)

schon am 17. Juli 1926 die letzte Aufführung unter seiner Leitung über die Bühne ging, war der Grundstein für ein neues Berliner Theater gelegt.

Noch im selben Jahr baute der bekannte Theater-Architekt Oskar Kaufmann das Haus grundlegend um. Unter Gustav Hartung konnte am 8. Januar 1927 die Wiedereröffnung des Hauses erfolgen, allerdings ging das nur drei Jahre gut. Wegen finanzieller Schwierigkeiten legte Hartung die Intendanz nieder. In wechselnder Folge versuchten andere Theaterleute (unter ihnen Alfred Breidbach, genannt »Bernau«) ihr Glück bis 1933. Danach griff der Staat nach dem Haus. Vom »Club der Filmindustrie« über die »Reichsschrifttumskammer«, dem Wehrbezirkskommando X bis hin zur »Brennerbund GmbH« war bis auf Thalias Geist alles vertreten. Während des Nationalsozialismus ging das Haus im Geschäftsbereich des benachbarten »Schiller-Theaters« auf. Unter dessen Leiter Heinrich George entstand das »Kleine Haus des Schiller-Theaters der Reichshauptstadt«. 1944 schloß man das Theater endgültig, bis schließlich am 8. Juli 1946 die Theaterräume mit den Stücken »Der grüne Kakadu« und »Kammersänger« erneut eröffnet werden konnten.

Abschließend sei hier ein Blick in die Knesebeckstraße geworfen. An der Ecke zur Goethestraße fällt das Gebäude Nr. 12 auf. Es ist ein wohlproportioniertes und in jüngster Zeit renoviertes Mietswohnhaus, dessen äußere Erscheinung gefällt. Aber die ist es nicht, die diesen Hinweis verdient. Vielmehr sind es einige der früheren Bewohner, deren Namen zwar bekannt, deren zum Teil jahrelanger Aufenthalt in diesem Haus jedoch unbekannt sein dürfte. Das vor 1900 erbaute Gebäude zählte neben zwei Universitäts-Professoren, einem Wollwarenhändler, einem Commissions-Rath und anderen auch die als Unterhaltungsschriftstellerin einst sehr beliebte Hedwig Courths-Mahler (1867–1950) und den Sieger von Coronel, Vize-Admiral Maximilian Graf von Spee (1861–1914), zu seinen Mietern.

3. Notizen um einen Verkehrsknotenpunkt

Die nach Staatsmännern benannten Anlagen und Verkehrswege (Ernst-Reuter-Platz, Steinplatz, Hardenberg- und Knesebeckstraße) sind neben ihrer verkehrstechnischen Bedeutung auch richtungsweisend für das Berliner Hochschul- und Kulturwesen mit seinen dicht beieinander liegenden Einrichtungen: Technische Universität, Hochschule der Künste und die Hochschule der Musik mit ihrem neuen Konzertsaal sowie das Staatliche Akademische Institut für Kirchenmusik.

Die letztgenannte Institution ist der erste Haltepunkt auf diesem Spaziergang. Dieses sich deutlich von den modernen Institutsbauten vom Straßenbild abhebende Gebäude an der Hardenbergstraße 36 wirkt wie ein mittelalterliches Bauwerk. Jedoch der Schein trügt. Das Haus entstand 1902/03 durch die Architekten Paul Mebes und Anton Adams. Seit jeher werden in ihm Organisten, Kantore, Chordirigenten und Musiklehrer ausgebildet.

Die Einrichtung geht auf die Initiative des ersten preußischen Musikprofessors, des ehemaligen Maurermeisters und späteren Komponisten und nachmaligen Direktors der Berliner Singakademie, Karl Friedrich Zelter (1758–1832), zurück. Das heute älteste Musikinstitut Berlins konnte 1822 mit Unterstützung des preußischen Unterrichtsministers Wilhelm von Humboldt und des Staatskanzlers Karl August Fürst von Hardenberg als selbständige Anstalt mit eigenem Etat ins Leben gerufen werden. »Cantores, Praefecti und Singlehrer« erhielten hier unentgeltlich Unterricht in Klavier- und Orgelspiel und auch im Singen.

Das Institut, das bis 1832 formell, ab 1875 schließlich offiziell der Akademie der Künste angeschlossen war, zog von seinem ersten Domizil in der Oranienburger Straße 29 im Jahre 1889 als Abteilung der Hochschule für Bildende Künste in die Potsdamer Straße, bis es dann endgültig 1903 das Haus in der Hardenbergstraße erhielt. Der in diesem Jahr fertiggestellte, in der Stilform der Romanik gehaltene und mit rotem Sandstein verkleidete Bau hat nach dem Konzept der Architekten zwei verschiedene Schauseiten erhalten, die sich an ihrer Ecke turmartig vereinen.

*Charlottenburg, Hardenbergstraße: Hochschule der Künste, erbaut 1898–
1902 von Heinrich Kayser und Karl von Großheim. (Aufnahme 1985)*

In Richtung Bahnhof Zoo trifft man in Höhe des Steinplatzes
auf eine andere architektonische Dimension. Hier steht mit fast
120 Metern Straßenfront das Gebäude der Hochschule der
Künste. Es entstand 1898 bis 1902 unter Leitung der Architekten
Heinrich Kayser und Karl von Großheim, denen als Vertreter
der Stadt Charlottenburg der Geheime Baurat Paul Emmerich
zur Seite stand. Der mächtige, durch vier kleine Binnenhöfe und
seitlich zurückgesetzte niedrige Pavillonbauten gestaltete
Komplex zeigt »maßvolle barocke Formen«. Sein Eingangsportal,
in Sandsteinverblendung ausgeführt, schmückt ein Relief von
Ludwig Manzel. Es zeigt die Künste unter dem Schutz des
Friedens und trägt darunter die Inschrift »Erudiendae artibus
iuventuti«.

Gegenüber die Anlage des Steinplatzes. Über sie heißt es in
einer bauhistorischen Abhandlung u.a.: »… in dem Hobrecht-

schen Bebauungsplan von 1862 waren durch die gegebenen Grundstücksverhältnisse zwischen Knie und Zoologischem Garten mehrere Straßenzüge festgelegt worden, u.a. die in den 80er Jahren so genannten Goethe-, Carmer- und Uhlandstraße, die alle drei auf die Hardenbergstraße zuliefen und sich nur an einem an deren Südrand ausgesparten viereckigen Platz treffen konnten. Dieser wurde 1885 nach dem Freiherrn vom Stein (1757–1831) benannt und durch eine runde Rasenfläche geschmückt. Bei der Verbreiterung der Hardenbergstraße 1903 wurde auch der Platz verändert und erhielt eine viereckige Rasenfläche mit eigener Bepflanzung.«

Wegen seiner bauplanerischen Konzeption ist der Steinplatz als Ruhezone inmitten dieses impulsiven Charlottenburger Viertels erhalten geblieben. Er ist eine grüne Oase im Häusermeer, gleichzeitig aber auch durch die beiden, an totalitäre Systeme erinnernden Gedenksteine ein Platz der stillen Einkehr.

Bevor man von dieser Stelle den Weg zum Bahnhof Zoologischer Garten einschlägt, sollte man einen Blick auf das »Hotel am Steinplatz« werfen. Der vom Jugendstil geprägte Bau entstand in den Jahren 1906/07 durch den Architekten August Endell als hochherrschaftliches Wohnhaus, das in jedem der fünf Geschosse zwei luxuriöse Zehn-Zimmer-Wohnungen enthielt. 1913 ging das Haus an den Gastronomen Max Zellermeyer über, der die bereits ein Jahr nach Vollendung des Gebäudes dort eingerichtete Pension zu einem Hotel ausbaute.

Zum Schluß dieses Rundgangs erreichen wir den Bahnhof Zoologischer Garten, der bis 1989 der »Hauptbahnhof« des westlichen Berlins war. Die Schöpfer des Stadt- und Fernbahnhofs, die Reichsbahn-Oberbauräte Hane, Franz und Blunck ahnten damals nicht, daß ihr Verkehrsbauwerk über mehrere Jahrzehnte eine durch politische Willkür eingeschränkte Funktion übernehmen, und wohl auch nicht, daß ihr Bahnhof zu einem Dorado zwielichtiger Gestalten werden sollte. Doch dies ist in aller Welt so. Haupt- und Zentralbahnhöfe sind überall mit dem Flair der Halbwelt behaftet.

Die seit Mai 1960 durch eine 60.000 Watt starke Osram-Xenon-Langbogenlampe erhellte Bahnhofsanlage ist schon einen

Blick in die Vergangenheit wert. Der am 7. Februar 1882 in Betrieb genommene und 1936 mit einem Kostenaufwand von 12 Millionen Mark für die XI. Olympischen Spiele umgebaute Bahnhof ist nach 1945 einer der wichtigsten Verkehrsknotenpunkte von Berlin (West) gewesen. Diese Jahre sind inzwischen im Dunkel der Geschichte untergetaucht, ebenso die Zeit, in der ab 1953 der Wiederaufbau des im Krieg schwer beschädigten Bahnhofs begann. Zur baulichen Veränderung des Bahnhofsvorplatzes gehört auch die für 1,5 Millionen Mark an der Südostseite des Bahnhofskörpers durch Horst E. Engel erbaute Bahnhofsterrasse.

In der westlich vom Bahnhof liegenden Jebensstraße begegnet man Bauten aus der Jahrhundertwende, deren äußere Erscheinung recht beeindruckend ist. Genannt seien die Kunstbibliothek der ehemaligen Staatlichen Museen und die Galerie des XX. Jahrhunderts, die im früheren Landwehr-Kasino untergebracht sind. Im Dreieckgiebel des Mitteltraktes des 1909 nach Plänen von Heinrich Schmieden und Julius Boethke erbauten Hauses erkennt man die auf die einstige Funktion des Gebäudes hinweisende Inschrift: »Unter der Regierung Wilhelms II., Deutschen Kaisers, Königs von Preußen, Erb. v. d. Kameradschaftl. Vereinigung d. Offiz. d. Landwehr Insp. Berlin MCMIX«.

Dem breitgelagerten Gebäude gegenüber ein anderer Hinweis auf die militärische Vergangenheit der alten Reichshauptstadt: An den Bahnhofskörper angelehnt steht die überlebensgroße Figur eines idealisierten Kriegers. Das im Auftrag des Reserve- und Landwehr-Offizierkorps 1927 geschaffene Denkmal stammt von den Bildhauern Hans Dammann und Heinrich Rochlitz.

Daneben befinden sich das 1928/29 von K. Gollwitz errichtete ehemalige Heereswaffenamt und das heute dem Evangelischen Konsistorium unterstehende Haus des Evangelischen Oberkirchenrates. Der ebenfalls mit seiner Schauseite dem Bahnhofskörper gegenübergestellte Bau entstand in den Jahren 1910/11 durch den Geheimen Baurat Bürckner und den Regierungsbaumeister Fritz Hermann. An der Ecke zur Hardenbergstraße schließlich der gewaltige Bau des Bundesverwaltungsgerichts. Den im Stil des mitteldeutschen Barock ausgeführten Komplex schufen Paul Kieschke und, nachdem dieser 1905 verstorben war, Eduard Fürstenberg.

Schräg gegenüber, Hardenbergstraße 14, erhebt sich seit 1979 das 320-Zimmer-Hotel »Excelsior«, dessen Granitfassade die unterschiedlich bebaute Straßenseite durchbricht. Das mit einem Investitionsvolumen von 30 Millionen Mark erbaute, von Georg Heinrichs entworfene Haus war der erste Hotel-Neubau seit 1967 im westlichen Berlin.

VI. Vom Jagdrevier zum Volkspark

1. Am Tegeler Weg

Berlin ist reich an stattlichen Verwaltungsbauten aus der Zeit der Jahrhundertwende. Man denke nur an die zahlreichen Gerichts- und Militärbauten oder an die Gebäude, die für Regierung, Wohlfahrt und Verwaltung bestimmt waren. Sieht man von den modernen Bürohochhäusern ab, so bestimmen jene Gebäude oft das Bild ganzer Straßen. Zu ihnen gehört zum Beispiel auch das Landgericht am Tegeler Weg, und wer von der Schloßparkseite seinen Weg in diese Richtung nimmt, wird automatisch aus der Idylle der zauberhaften Landschaft herausgerissen, denn der langgestreckte, in den Stilformen der norditalienischen bzw. deutschen Romanik errichtete Justizpalast beherrscht hier den Straßenbereich.

Lange vor der Eingemeindung der selbständigen Stadtgemeinde Charlottenburg in den Zweckverband von Groß-Berlin hatte sich die dortige Verwaltung vorgenommen, ein Landgericht erbauen zu lassen, daß der Bedeutung ihrer Kommune entsprach. Der Wirkliche Geheime Oberbaurat Paul Thoemer und der Geheime Oberbaurat Rudolf Mönnich entwarfen und bauten von 1901–06 einen zur Straßenseite hin fast 74 Meter langen, mit seinen burgartigen Formen beeindruckenden Justizpalast, an dem außerdem noch die Regierungsbaumeister Prof. Hermann Dernburg und Dr. Ernst Petersen, später bei der Erweiterung

1912–14 der Regierungsbaumeister Dr. Pattri und der nachmalige Oberbaurat F.W. Virck beteiligt waren.

Nach Fertigstellung des Gebäudes betrugen die Gesamtkosten 1,25 Millionen Mark. Zur Aufteilung und Ausschmückung mit einzelnen Architekturelementen ist anzumerken, daß die Schaufassade am Tegeler Weg durch einen überhöhten und vorspringenden Dreieckgiebel und hohem Satteldach charakterisiert ist. Bemerkenswert die Verwendung des Baumaterials: die burgartigen Fronten sind in Jerxheimer Roggenstein von rotbrauner Tönung ausgeführt, die Gliederung dagegen in Rothenburger Kalkstein gehalten. Interessant sind auch die bildhauerischen Attribute. Neben liegenden Löwen in den romanischen Rundbogenfenstern, den Engeln und Eulen an der Basis von Schmalseite und Rückfront, erkennt man am Mittelgiebel der Vorderseite zwei Inschrifttafeln. Die linke ist mit einem Adler und den Worten »Suum cuique«, die rechte mit einem Reichsapfel und den Buchstaben »Anno Domini/MCMV« geschmückt. In der Mitte des zweitürigen Rundbogenportals steht auf einem Pfeiler eine bronzene Figur. Hermann Engelhardt und Breitkopf-Cosel waren als Bildhauer, Julius Schramm als Kunstschmied mit dieser Arbeit betraut worden.

In sachlich-nüchternen Formen präsentiert sich dem Betrachter dann das »Deutsches Rotes Kreuz-Krankenhaus Jungfernheide« am Tegeler Weg 28. Dieser Gebäudekomplex entstand 1939 durch die Architektengemeinschaft Mebes & Emmerich als Verwaltungsgebäude für die Schering AG., die befürchten mußte, daß ihr Stammsitz in Wedding in die von Albert Speer veranlaßte Neubebauung des Geländes einbezogen werden würde. Der Ausbruch des Zweiten Weltkrieges vereitelte jedoch den Plan. Daraufhin mietete die Siemens & Halske AG. die Gebäude für die medizinische Versorgung der in ihrem Unternehmen tätigen Fremdarbeiter. Der Elektrokonzern nutzte dann das Haus noch nach 1945 als Unfall-Ambulatorium, trennte sich aber bald darauf von dem Gelände, das nun am 1. Januar 1951 an das Deutsche Rote Kreuz überging.

Unmittelbar neben der Krankenanstalt steht auf dem Gelände des ehemaligen Curdesschen Grundstücks die nach 1879 erbaute

Ätherfabrikationsstätte der Schering AG., die am 12. Juni 1880 in Betrieb ging. Nach Zukauf weiterer Grundstücksteile entstanden auf dem Gelände Anlagen zur Herstellung technischer Chemikalien (1888), wenig später dann in einem von Otto March erbauten Gebäude eine Photographische Abteilung. Dem in sogenannter italienischer Renaissance errichteten Bau folgten ein Jahr später, 1896, zwei kleinere Bauteile, 1897 ein Kesselhaus und 1898 ein Wohnhaus, für die der Landbauinspektor a.D. Amtsmaurermeister Ernst Gerhardt verantwortlich zeichnete.

Sehr wechselvoll war in der darauffolgenden Zeit die weitere Entwicklung des Scheringschen Betriebsgeländes am Tegeler Weg. Nach mehreren neuen Baumaßnahmen, Veränderungen der Fabrikationspalette und politisch bedingter Enteignung kehrte 1948 die Chemische Abteilung von Adlershof nach Charlottenburg zurück. 1953 entstand dann hier die Galvano-Technische Versuchsabteilung und 1957/58 eine Stahlhalle längs des Westhafen-Kanals nach Plänen Gerhard Fritsches, in der neben Laboratorien eine Forschungs- und Produktionsabteilung für die Gebiete Fermentierung und Aufbereitung untergebracht sind.

2. »Park, Spiel und Sport« war die Devise«

Am 9. Mai 1962 wuden der Volkspark Jungfernheide und das angrenzende Dauerwäldchen Siemensstadt zum Landschaftsschutzgebiet erklärt. Der von einer wechselvollen Geschichte begleitete Waldpark besitzt nicht nur für den Bezirk Charlottenburg große Bedeutung als Naherholungsgebiet. Denn als Folge intensiver Bebauung und eines oft damit zusammenhängenden Grünflächenraubes sind an vielen Stellen des Stadtgebietes die natürlichen Lebensräume für immer verschwunden.

Daß der 134 Hektar große Park bisher von menschlicher Besiedlung verschont geblieben ist, erklärt sich nicht aus der Einsicht der Stadtplaner, sondern vielmehr aus den geologischen und geomorphologischen Gegebenheiten des Geländes. Das sich einmal im Besitz der brandenburgischen Markgrafen Johann I. und Otto III. befindende und dann 1239 in das Eigentum des Spandauer Benediktinerinnen-Klosters St. Marien übergegangene Waldrevier gehört nämlich zu den Niederungen des Spreetals, in denen seit altersher nur Wald und Wiesen von Nutzen waren.

Von der früher wesentlich größeren Jungfernheide, die mit ihren »Eichen und Kienen, auch etwas Buchen und Elsen« ein ideales Jagdgebiet war, von dem der märkische Dichter-Pfarrer Schmidt von Werneuchen behauptete, daß es »wild und schön« gewesen sei, erwarb im Jahr 1904 die Stadt Charlottenburg rund 1.000 Morgen vom preußischen Fiskus. Mit dem Kauf des Geländes verbunden waren mehrere Überlegungen: Einmal sollte der ungeliebte Schieß- und Übungsplatz verschwinden, zum anderen wollte man eine Parkanlage schaffen, in der sich die arbeitenden Menschen der Reichshauptstadt erholen konnten.

Unter dem Charlottenburger Gartendirektor Erwin Barth wurden im Sommer 1920 Pläne für die Neugestaltung der Jungfernheide vorgelegt und die Bereitstellung von 10 Millionen Mark empfohlen. Da sich zur selben Zeit der Stadtverband von Groß-Berlin konstituierte, blieb die Finanzierung des Projekts aufgrund des neuen Sperrgesetzes aus. Dennoch wurde an dem Plan festgehalten. Und als 1921 unter dem Berliner Oberbürgermeister Böß die Stiftung »Park, Spiel und Sport« ins Leben gerufen wurde und sich Privatleute, Industrie und Gewerkschaften an der Finanzierung beteiligten, konnte die Gestaltung des Parks in Angriff genommen werden. Im Rahmen eines Notstandsprogramms wurde das urwüchsige Waldgelände im Sinne der bereits im Ausland länger praktizierten »Volksparkidee« gartenkünstlerisch gestaltet, bis 1927 die Geldmittel erneut versiegten.

In der Folgezeit entstanden dann im Gelände eine Reihe von Bauwerken, so die Badeanstalt von Hans Winterstein (1922/ 23), der Wasserturm sowie Gärtner- und Torhäuser (Walter Helmcke, 1926/27). Daneben ließ der Magistrat einen Ehrenhain zur Erinnerung an die Gefallenen des Ersten Weltkrieges anlegen, der, als Symbol »niederdeutscher Kraft« um eine Eiche gruppiert, aus einem altarähnlichen Aufbau im Halbrund einer Apsis bestand. 1928 kam als weiterer künstlerischer Schmuck eine Bärengruppe von Hermann Pagels hinzu. An die historische Vergangenheit des Parks sollte auch ein kleines Granitkreuz erinnern, das dem 1856 in einem Duell gefallenen Polizeipräsidenten Ludwig von Hinckeldey gewidmet ist.

In jüngster Zeit wurde die zweitgrößte Parkanlage im westlichen Berlin mit gemauerten Toren und neugestalteten Eingangszonen umgeben. Wiederhergestellt sind inzwischen auch die Pavillons im Park.

VII. Am Spandauer Damm

1. Impressionen an einer Magistrale

Vom Luisenplatz verläuft der Spandauer Damm in westlicher Richtung. Gleich am Anfang bestimmen die eindrucksvollen Schloßbauten das Bild der Charlottenburg mit Spandau verbindenden Magistrale. Übersehen werden dabei oft kleinere Bauwerke, die, zwar nicht vergleichbar mit der Historie des Schlosses, dennoch zum vielfältigen Mosaik der Charlottenburger Vergangenheit gehören. Es sind meist Objekte, die im Verborgenen schlummern und an denen die meisten Zeitgenossen ahnungslos vorbeigehen.

Dazu gehört wohl auch die hübsche Wohnanlage auf dem Hinterhof des Grundstücks Spandauer Damm 65 und das ihr direkt gegenüber stehende »Wilhelm-Stift« (Nr. 62). Früher, als der Damm noch Straße hieß, waren beide Gebäude weithin sichtbar; heute jedoch sind sie umgeben von Wohnhäusern aus der Jahrhundertwende bzw. von Neubauten aus den 50er/60er Jahren. Diese Isolation führte dazu, daß sie nahezu unbeachtet bleiben.

Wer allerdings das Grundstück Nr. 65 einmal durch die Toreinfahrt betritt, wird vom Anblick des Hofgeländes verblüfft sein. Rechter Hand befindet sich ein Fachwerkbau, in dem früher Dienstboten untergebracht wurden.

Für die Bezirksgeschichte von größerer Bedeutung ist das »Wilhelm-Stift« auf der anderen Straßenseite. Der Gründung

Charlottenburg, Spandauer Damm 65: Romantischer Winkel im Schloßbereich – ein bescheidenes Landhaus aus dem 19. Jahrhundert. (Aufnahme 1986)

dieser sozialen Einrichtung zugrunde lag die Bemühung der Abelone Jensen, einer Nichte des Hofgärtners Fintelmann aus Sanssouci, die ein Heim für »hilfsbedürftige Witwen und Jungfrauen der gebildeten Stände« einrichten wollte. Nachdem sie mit ihrem Onkel nach Charlottenburg übergesiedelt war, gelang es ihr, die Königinwitwe Elisabeth für ihr Projekt zu gewinnen. Allerdings fehlte es am nötigen Kapital, und erst eine Wohltätigkeitsveranstaltung brachte die ersten 4.000 Taler als Starthilfe.

Wilhelm I. stiftete kurz darauf ein zum Schloßpark gehörendes annähernd 19.000 m² großes Grundstück zum Bau des Hauses, dessen Grundsteinlegung 1866 erfolgte. Am 29. Oktober 1867 fand die feierliche Einweihung der ersten Stiftsgebäude in Anwesenheit des Königs statt, die dann in den Jahren 1868, 1874 und 1884 mit weiteren Häusern zu ihrer heutigen Größe erweitert wurden. Herausragend für die Entstehung der Einrichtung war das Engagement zahlreicher Prominenter der damaligen Zeit. So waren im Kuratorium der Stiftung vertreten Finanzminister von der Heydt, Bankdirektor von Dechend und die Damen von Roon und Gräfin von Arnim-Boitzenburg, die zur »feinen« Berliner Gesellschaft gehörten.

Die von W. Neumann entworfenen Stiftsgebäude bestanden aus einem Keller-, einem Erd- und zwei Obergeschossen. Gebaut wurden sie als rechteckige Verblendziegelbauten auf Werksteinsockel mit je einem dreiachsigen überhöhten Mittelrisalit. Anläßlich des 25-jährigen Jubiläums (1892) fügte der Amtsmaurermeister C. Bertuch der Stiftsanlage ein neues Haus hinzu. Nun bot die gesamte Anlage 165 über 55 Jahren alten Damen Platz. Die während des letzten Krieges zerstörten Häuser I., III., IV und V konnten zwischen 1952 und 1959 durch großzügige Unterstützung mehrerer Geldgeber wieder aufgebaut werden.

Nach dem Überqueren des Kreuzungsbereiches Spandauer Damm-Fürstenbrunner Weg/Königin-Elisabeth-Straße erblickt man zwei unterschiedlich dimensionierte Wassertürme, die mit ihrer Baugeschichte ein Kapitel Westender Versorgungstechnik beinhalten: Unter dem Mitbegründer der Villenkolonie

Westend, Heinrich Quistorp, entstand ein die Wasserversorgung der jungen Siedlung übernehmendes Hochreservoir, dem die Bevölkerung den Namen »Tempel des Wahns« gegeben hatte. Der offiziell »Wasserturm Germania« genannte, am 31. August 1872 nach einem Entwurf des Potsdamer Baumeisters Petzholtz begonnene und in der nachfolgenden Zeit offenbar nach dem Vorbild der Kehlheimer Befreiungshalle in Renaissance-Form vollendete Bau stand an der Eschen-Ecke Plantanenallee. Seine Nachfolger wurden dann die beiden Türme am Spandauer Damm 165–167.

Bedingt durch die schnell anwachsende Siedlung Neu-Westend erwies sich alsbald die Kapazität des Germania-Turms als zu gering, so daß sich die Gemeindevertreter entschlossen, ein neues Reservoir bauen zu lassen. Außerdem war inzwischen klar, daß die Höhenlage Westends und der mit ihr verbundene höhere Leitungsdruck in den mehrgeschossigen Wohnhäusern das veraltete Werk durch eine technisch leistungsfähigere Anlage ersetzen mußte.

Unter Leitung des Stadtbaurates Heinrich Seeling und in Zusammenarbeit mit dem Architekten Max Niedenhoff und dem Magistratsbaurat Walter wurde am 21. September 1908 mit dem Bau eines neuen Wasserturms begonnen. Bereits im November des darauffolgenden Jahres ging die Anlage in Betrieb, wurde allerdings erst im Sommer 1910 endgültig fertiggestellt. Entstanden war nun ein modernes Wasserwerk, dessen Leistung sich verdreifacht hatte. Seeling war es darüber hinaus gelungen, die Industriebauwerke in ihrer äußeren Form der Wohnhausbebauung der Kolonie anzupassen. Der größere, schlanke Turm, den man bald auch als Aussichtsturm freigegeben hatte, verjüngt sich zur Krone dermaßen, daß man den Eindruck gewinnt, er sei weitaus höher als der danebenstehende alte Wasserturm. Vielleicht mag es daran liegen, daß seine Außenverkleidung der des neuen Turms angepaßt worden ist. Die mit Rathenower Handstrichsteinen verblendeten Hochreservoire besitzen ein Fassungsvermögen von je 500 Kubikmeter.

Schräg gegenüber liegt der heute als »Klinikum Westend« bekannte weitläufige Komplex des ehemaligen »Krankenhaus

Westend«. Die in drei Bauabschnitten auf dem Gelände eines Pferdemarktes durch Schmieden und Boethke in Pavillon-Bauweise errichtete Krankenanstalt konnte 1904 in den Dienst der Öffentlichkeit gestellt werden. Von hier aus fällt der Blick in die vom Spandauer Damm abgehende Königin-Elisabeth-Straße, in der neben dem Erweiterungsbau des Arbeitsamtes III (Siegfried Vitinius, 1989) die fünfgeschossige Blockrandbebauung an beiden Ecken zur Knobelsdorffstraße auffällt. Sie gehört zu einer Siedlung, die 1927–29 von Otto Rudolf Salvisberg und Jean Krämer für die Gemeinnützige Heimstättengesellschaft der Berliner Straßenbahnbetriebe GmbH gebaut wurde.

2. Von Ruhleben nach Ruhwald

Ältere, sich dem Pferdesport verbunden fühlende Mitbürger werden sich vielleicht der Trabrennbahn Ruhleben erinnern, und die ältesten von ihnen haben dabei bestimmt noch jene Tage im Gedächtnis, an denen dort der Berliner »Concours Hippique« in Anwesenheit von Mitgliedern des preußischen Königshauses ausgetragen wurde. An ein derartiges Ereignis erinnert ein Foto vom 12. Mai 1912. Es zeigt neben dem deutschen Kronprinzen die Prinzen Eitel Friedrich und Joachim in Begleitung ihrer Gemahlinnen und hoher Offiziere.

Das vergilbte Foto ist jedoch nur eine Reminiszenz an die Vergangenheit, ebenso die Arena. Sie wurde 1968 geschlossen und schließlich kurz darauf abgetragen. Was blieb, sind die Erinnerungen und der Vergleich mit Hoppegarten und Mariendorf. Obwohl Ruhleben nicht die attraktivste Rennbahn Berlins war, wurde sie von den im Westen der Stadt lebenden Menschen mit Begeisterung angenommen. 1939 erweiterte man das Gelände und modernisierte die Gebäude, wobei die Ställe an den östlichen und das 650 Personen Platz bietende Kasino an den südöstlichen Rand der Anlage verlegt wuden. Die westlich der ehemaligen »Ruhlebener Schanze« liegende Trabrennbahn hatte damit – wenn auch nur für wenige Jahrzehnte – die

Nachfolge der 1889 in Westend errichteten Sportstätte ange-
treten.

Mit Ruhleben verbinden sich aber weitere Fakten aus der
Vergangenheit dieser Gemarkung, die einst ihren Namen von
einem Vorwerk erhalten hatte, der dann 1928/29 auf den gerade
fertiggestellten Hochbahnhof, später bzw. zur selben Zeit auf
einen Wohnbereich, ein Landschaftschutzgebiet und einen
Entsorgungsbetrieb übertragen wurde. Historisches aber, sieht
man einmal von den Resten der bereits auf Spandauer Gebiet
liegenden Schanze ab, findet man hier nicht mehr. Verklungen
ist die geschichtsträchtige Vergangenheit, wiederentdeckt bzw.
neu hinzugekommen sind zwei flächenhafte Naturdenkmale
und eine unter städtischer Verwaltung stehende technische
Anlage. Beginnen wir bei diesem Spaziergang an den Grün-
bereichen. Sie sind uns als »Fließwiese Ruhleben« und als die
östlich der Murellenberge sich erstreckende Zungenbecken-
landschaft bekannt.

Beide Naturschutzgebiete sind Reservate im Großstadtraum;
ihr ökologischer Wert ist unbestritten, auch ihre enge Verbindung
mit der an sie grenzenden Siedlung, deren Wohnwert vom
Landschaftsraum beeinflußt wird. Eine Wanderung durch das
Gelände ist daher zu jeder Jahreszeit lohnend.

Die verbriefte Geschichte der von der Eiszeit geprägten
Landschaft Ruhlebens beginnt am Ende des 30jährigen Krieges:
1638 gehörte das wahrscheinlich schon einige Jahre zuvor
entstandene Vorwerk dem Amt Spandau, das die »wüste Stelle«
im selben Jahr dem Holzförster von Grabau in Pacht gab. Das
»Neue Vorwerk auf der Cöllnischen Seite« genannte Anwesen
fiel 1654 an den »gewesenen Vorschneider und Fischmeister«
von Saldern, von dem es 1678 an einen namentlich nicht mehr
bekannten Pächter überging. 1695 erwarb Kurfürst Friedrich
III. den Besitz zusammen mit dem nahegelegenen Dorf Lützow,
den er seiner Gemahlin Sophie Charlotte zum Geschenk machte.
Es wird vermutet, daß in jener Zeit nicht nur die alten Guts-
gebäude in ein Schlößchen umgebaut wurden, sondern daß
damals auch der Name »Ruhleben« entstanden ist.

Aus der Chronik des Geländes erfährt man weiter, daß das

Ruhleben–Ruhwald, Spandauer Damm: Partie im in den 1870er Jahren angelegten Privatpark (seit 1937 öffentlicher Park) »Ruhwald«. (Aufnahme 1989)

»Lustschloß« der Kurfürstin im Jahr 1700 in das Eigentum des Freiherrn Friedrich Bogistan von Dobrzenski gelangte, bis es schließlich sieben Jahre später wieder in den Besitz des Amtes Spandau überging. Während dieser Zeit verfiel das Schloß und der vom französischen Gärtner Simon Godeau angelegte Garten zusehends. Die Familien von Beyme und von Gerlach erwarben für kurze Zeit das Gut. Danach wurde es still um Ruhleben, bis militärische Ereignisse, später wirtschaftliche Interessen die Gemarkung aus dem Dornröschenschlaf erweckten.

Ergänzt werden sollte die geschriebene Vergangenheit aber noch durch einige Notizen aus der Wirtschafts- und Sozialstruktur des Geländes. So ist über das Gut Ruhleben bekannt, daß es 1707 über »25 melkende Kühe und 600 Schafe« verfügte und daß der Ackerbau sich auf »5 Wispel 16 Scheffel Wintersaat und 1 Wispel 4 Scheffel Sommersaat« beschränkte. Fünfzig Jahre später standen auf dem 973 Morgen großen Gelände 25 Kühe,

12 »Haupt Güstevieh« und 1.000 Schafe. Zum Vorwerk gehörten insgesamt 22 Personen, die sich unter anderem aus »einem Pächter, einem Schäfer, fünf Knechten, sechs Mägden, drei Jungen und einem Paar Hausleute« zusammensetzten. 1858, als Ruhleben wieder dem domänen-fiskalischen Amt Spandau unterstellt war, heißt es, daß neben dem Gut ein Chausseehaus existiert und auf der Parzelle »ein Pächter mit vier Knechten und Mägden sowie 14 Tagelöhnern und einer Bedienten« lebten. Das Gut besaß zur damaligen Zeit 520 Morgen Land.

Anfang des 19. Jahrhunderts belagerten französische Truppen Stadt und Festung Spandau. Auch hiervon ist eine Episode aus dem Jahr 1813 überliefert: Gegen die unfreiwillige Besatzung zogen drei preußische Batterien von Ruhleben aus in Richtung Spandauer Zitadelle, wobei es dem Bombardier Peter Schultze von der Haubitz-Batterie Baumgarten durch einen Meisterschuß gelang, das feindliche Lager in Brand zu schießen. Sein Geschoß traf das Pulvermagazin, dessen Explosion die Bastion Königin des Bollwerks in die Luft sprengte. Von der Gegenwehr der Franzosen zeugte noch Jahre später eine Kanonenkugel, die in der Wand des Ruhlebener Gutshauses steckengeblieben war.

Die eben genannten Geschichten sind Teil der ereignisreichen Ruhlebener Vergangenheit. Schloß und Gut Ruhleben gibt es längst nicht mehr; ihr Standort zwischen der früheren Trabrennbahn und der 1974 abgetragenen Ruhlebener Schanze ist heute durch moderne Entsorgungsbetriebe besetzt. Hier stehen die weithin sichtbaren Anlagen des Klärwerks Ruhleben und der Müllverbrennungs- und Müllschlackensinteranlage Ruhleben, die zu den modernsten ihrer Art in Europa gehören.

Weniger aufwendig, jedoch für die Verkehrsgeschichte dieses Ortsteils von Interesse, sind zwei im Einzugsbereich der vorgenannten Naturschutzgebiete liegende und von den Ausläufern der Murellenberge sowie im Norden von Betriebswerkstätten begrenzte Bahnhöfe des städtischen Nahverkehrs. Beide Stationen, Olympiastadion und Ruhleben, gehören zu den Verkehrsbauwerken, die 1928–30 im Zuge der Verlängerung der Stammbahn vom schwedischen Architekten Alfred Grenander erbaut wurden. Zwar bestand schon vorher der Bahnhof »Stadion« als Interimsanlage, jedoch wurde er wenig später zusammen mit dem Nachbarbahnhof im Stil der Neuen Sachlichkeit neu erbaut.

Ein anderes Kapitel Zeitgeschichte verbindet sich mit dem nur wenige hundert Meter entfernt liegenden Flurstück. Wer heute den mit dem Wunschnamen »Ruhwald« belegten Park betritt, wird sich mit großer Wahrscheinlichkeit an der herrlichen Landschaft erfreuen und sich vielleicht dabei fragen, wie diese Oase entstanden ist. Gönnen wir uns nur einen kurzen Blick in die Vergangenheit des Geländes.

Der knapp 13 Hektar große Landschaftspark liegt auf dem Teltower Höhenrand. Begrenzt von der Spreeniederung im Norden und der ehemaligen Berlin-Hamburger Chaussee (dem heutigen Spandauer Damm) im Süden, und von drei Seiten von Laubenkolonien umgeben, zählt der Ruhwaldpark heute zu den wenigen Villengärten, die im 19. Jahrhundert während der Stadterweiterung angelegt wurden und die einst charakteristisch für Berlin waren. Weite Wiesenflächen, ein dichter, zum Teil aus mächtigen Bäumen bestehender Bewuchs, romantische Partien bei den von Holzbrücken überspannten Wegen sowie ein kleiner künstlicher See am Hang zum Spreetal hin lassen ahnen, daß der Initiator dieser Landschaft besonderen Sinn für Schönheit besaß. Die im Jahr 1925 in städtisches Eigentum übergegangene und 1937 als öffentlicher Park zugänglich gemachte Anlage hat Zeit ihres Bestehens nie den Charakter eines großen Villengartens verloren.

Die Gegend, in der sich der Park befindet, hatte schon vor dem Auftreten des 1819 in Halberstadt geborenen Ludwig Schäfer den Hintergrund für ein eigenes Kapitel Lokalgeschichte abgegeben. Hier befand sich einmal die Spandauer Bergbrauerei, in der der oberfränkische Braumeister Conrad Bechmann das vielgeliebte »Königsbier« und später Bockbier nach Einbecker Art herstellte. Doch nicht nur als Ausflugsziel war der Teltower Höhenrand für die Berliner von Interesse, auch als Siedlungsplatz gewann er an Bedeutung.

Den Anfang machte 1865 Ludwig Schäfer, der allerdings zu

diesem Zeitpunkt bereits Ludwig von Schaeffer-Voit hieß und als »Geheimer Kommerzien- und Kommissionsrath« im Berliner Adreßbuch stand. Als Besitzer der Damen-Modezeitung »Der Bazar« hatte er sich ein Millionenvermögen verdient, das ihm neben dem Titel auch den erblichen Adel eingebracht hatte. In jenem Jahr erwarb er ein 24 Morgen großes Grundstück oberhalb des Spreetales und ließ sich nach Hinzunahme weiterer Parzellen durch Karl Schwatlo 1867/68 eine im Neo-Renaissance-Stil gehaltene schloßähnliche Villa erbauen. Der großzügig gestaltete Besitz, auf dem neben dem Schlößchen mehrere Nebengebäude, ein Gästehaus und Kolonnaden errichtet wurden, erhielt den Namen »Ruhwald« im Gedenken an den 1866 verstorbenen Sohn des Besitzers, für den dieser auf dem Grundstück einen privaten Begräbnisplatz hatte anlegen lassen.

Die Freude an dem außerordentlich schönen Grundstück und an der von Alexander Calandrelli mit reichem Figurenschmuck versehenen Villa blieb Schaeffer-Voit nicht lange erhalten. Nach persönlichen Schicksalsschlägen und mannigfachem Ärger mit seinen Nachbarn trennte er sich 1872 von Ruhwald und zog sich auf sein Rittergut Blankenfelde bei Mahlow zurück. Schloß und Park fielen jetzt an die »Westend-Gesellschaft«, die aber bereits im Dezember desselben Jahres den Besitz an den Malzfabrikanten Johann Hoff veräußerte. Von nun an war Ruhwald vielen Einflüssen unterworfen, bis schließlich 1937 das Schloß wegen angeblicher Baufälligkeit abgerissen wurde.

Hinzufügen muß man noch, daß nach 1887 der Schöneberger Nervenarzt Dr. Eduard Levinstein seine Praxis in Ruhwald ausübte und 1895 der Bankier Siegfried Abrahamssohn Besitzer des Anwesens wurde. Ihm folgte 1925 der Bezirk Charlottenburg, der das Schlößchen seinem Bürgermeister als Dienstsitz zur Verfügung stellte. Während des Zweiten Weltkrieges erlitten die übrigen Baulichkeiten auf dem Gelände schwere Schäden. Übriggeblieben von der einstigen Pracht sind heute die Wirtschaftsgebäude, das ehemalige Landhaus Bechmann, die schönen Kolonnaden mit den 1872 von Carl Cauer in Rom modellierten Marmorbüsten des ersten Besitzerehepaares und eben der herrliche Landschaftspark.

3. Auf der »Spandauer Spitze«

Eine um die Mitte des vergangenen Jahrhunderts für das südöstlich von Spandau liegende Gebiet aufgestellte Statistik vermittelt uns einen Einblick in die frühere Geländeaufteilung. So weiß man, daß 1858 zu diesem rund 50 Morgen großen »Spandauer Etablissement« die Gemarkung Pichelsberg, Schildhorn, Paulsborn und Spandauer Spitze gehörten. Inzwischen hat sich einiges geändert. Schildhorn und Paulsborn sind an den Verwaltungsbezirk Wilmersdorf gefallen, während Pichelsberg und die Spandauer Spitze Charlottenburg zugeschlagen wurden. Dennoch geht es noch immer in den letztgenannten Gebieten »spandowisch« zu: den Ortsteil Pichelsberg kann man als Bindeglied zwischen Charlottenburg und Spandau erkennen, und die längst aus den Karten gelöschte »Spandauer Spitze« ist immerhin noch über den Spandauer Damm zu erreichen.

Ein Plan von 1920 nennt ebenfalls noch den havelstädtischen Eigennamen im westlichen Territorium Charlottenburgs: Vom Luisenplatz führte die Spandauer Straße über den Spandauer Berg auf die Spandauer Chaussee in Richtung Ruhleben. Heute heißt der ganze Straßenzug »Spandauer Damm«. Der zitierte Plan enthält im westlich der Spreetal-Allee liegenden Bereich die Eintragungen Ruhwald, Spandauer Spitze und Spandauer Bock-Bergbrauerei, von denen allerdings nur wenig auf unsere Tage gekommen ist. An den Spandauer Bock erinnert nur noch der Name einer Kleingartenkolonie.

Neben Theodor Fontane und Julius Stinde haben sich auch andere Chronisten um die Überlieferung der recht bemerkenswerten Vergangenheit dieses Gebietsstreifens verdient gemacht. Ihnen ist es zu verdanken, daß man jetzt über den »Spandauer Bock« berichten kann. Wer allerdings mit offenen Augen durch das Gelände streift, entdeckt im Gartencenter neben dem

Ruhwaldpark aus roten Ziegeln gemauerte Kellergewölbe, die ebenfalls auf vergangene Bierfreuden hinweisen.

Die Geschichte, in der »Prima goldgelbes Lagerbier« und »Prima Versandbier nach Münchener Art« im »Westend bei Charlottenburg« die Berliner in Scharen herbeilockte, beginnt mit dem Jahr 1842, als der fränkische Bierbrauer Bechmann sich an der Spandauer Spitze niederließ. Für 12.000 Taler hatte er die durch ihr »Königsbier« berühmt gewordene Spandauer Brauerei erworben, der er durch Ankauf einer Waldparzelle einen Lager- und Eiskeller angliederte, in dem er nun das stark eingebraute, dunkle Bockbier lagerte und im Frühjahr jeden Jahres ausschenkte. Das Produkt erfreute sich schnell wachsender Beliebtheit und sein Name übertrug sich bald auf das Lokal: der »Spandauer Bock« war geboren!

1847 übernahm der tatkräftige Brauer dann ein kleines Anwesen auf der nördlichen Seite der Spandauer Chaussee und eröffnete dort einen zweiten Ausschank, dem der Berliner Volksmund bald den Namen »Zibbe« gab. Bechmann erweiterte ständig die Brauerei und den Bierausschank und ließ sich auch nicht entmutigen, als am 15. März 1874 der Betrieb ein Opfer der Flammen wurde. Noch im selben Jahr begann Bechmann mit dem Wiederaufbau seines Unternehmens.

1885 ging die Brauerei zusammen mit den Lokalen an eine Aktiengesellschaft über, die jetzt den Namen »Spandauer Bergbrauerei AG.« annahm. Nach dem Ersten Weltkrieg fiel das Unternehmen an die Schultheiss Brauerei, deren Nachfolger schließlich die Chemische Fabrik Kahlbaum wurde. In den zwanziger Jahren ließ dann die Anziehungskraft dieser einst beliebten Ausflugsgaststätte nach, der Betrieb war nicht mehr rentabel und schloß seine Pforten. Der Zweite Weltkrieg beendete dann endgültig die Tradition am Spandauer Berg. Die Gebäude waren größtenteils zerstört, so daß man sich 1957 für den Abbruch der Reste entschloß.

VIII. Ein Ortsteil nach Londoner Vorbild

1. Geschichten rund um den Steubenplatz

Es wird erzählt, daß Joachim Ringelnatz schon vormittags vor seinem geliebten »Steinhäger« saß, um über jene Verse nachzudenken, die einmal viele Menschen begeistern sollten. Der »Austragungsort« dieser branntweinseligen Stunden war die »Westend-Klause« am Steubenplatz, die Stammkneipe des Poeten. Die noch heute bestehende Gastwirtschaft war 1927 eröffnet worden. Drei Jahre später erfolgte der Ausbau des im Verlauf der Reichsstraße liegenden Platzes.

Joachim Bötticher, so der bürgerliche Name des dichtenden Kabarettisten und ehemaligen Marineoffiziers, hatte den Wandel des Viertels um den Steubenplatz noch miterleben können. Erst 1934 starb er in bitterster Armut in seinem Wohnhaus am nahegelegenen Brixplatz.

Die Bebauung mit Mietwohnhäusern in dem später Neu-Westend genannten Gelände hatte etwa siebzig Jahre nach der Gründung der Villenkolonie »Westend« eingesetzt. Im Gegensatz zu dieser Landhaussiedlung mit ihrer gefälligen, teilweise aber auch skurrilen Architektur, erhielt die Gegend um den Steubenplatz mehrgeschossige, zumeist wohlproportionierte Häuser, deren Pläne bedeutende Architekten der damaligen Zeit entworfen hatten. Zu diesen Gebäuden gehört die fünfgeschossige Blockrandbebauung an der Olympischen Straße 4 Ecke Reichsstraße. Peter Jürgensen, neben Jürgen Bachmann

Westend, Steubenplatz: Reiterstandbild »Der Sieger« von Louis Tuaillon aus dem Jahr 1902 (Aufnahme 1985)

Erbauer des Rathauses Schöneberg, errichtete 1927 für die »Schwarzburg-Grundstücksverwertungsgesellschaft« auf dem Grundstück einen braungelb verputzten Mauerwerksbau, dessen Fassade durch ornamentale Verzierungen auf den Loggienbrüstungen und unterhalb des Hauptgesimses geschmückt ist. Eine Zierde dieser Wohnlandschaft ist das Reiterstandbild von Louis Tuaillon (1862–1919). Es steht seit 1961 auf dem Steubenplatz. »Der Sieger«, wie das kurz nach der Jahrhundertwende vom Geheimrat Arnhold für seinen Wannseer Wohnsitz in Auftrag gegebene Denkmal heißt, ist seitdem eine symbolische Verbindung zu den benachbarten ehemaligen olympischen Sportstätten. Im übertragenen Sinn könnte man auch das Standbild auf den Namenspatron des Blockplatzes beziehen, denn

Friedrich Wilhelm von Steuben (1730–94) hatte als Organisator der Armee Washingtons seit 1778 maßgeblichen Anteil am Ausgang des Unabhängigkeitskrieges gegen England. Noch heute gedenkt man des preußischen Generals in den Vereinigten Staaten von Nordamerika.

Eine von der Platzanlage ausgehende Straße widmete man einem anderen Freiheitskämpfer: Simon Bolivar (1783–1830), dem südamerikanischen Nationalhelden. Hier an der Peripherie von Westend gibt es noch eine Reihe weiterer interessanter Wohnhäuser. Ein Beispiel ist die vier- und fünfgeschossige Blockrandbebauung an der Bolivarallee 9 Ecke Eichenallee 61–63. Der bis zu sechs Zimmer mit einer maximalen Wohnfläche von 180 m² enthaltene Wohnblock entstand 1930. Peter Behrens war der Architekt des Gebäudes. Unweit des Häuserblocks erhebt sich in der Eichenallee der einem Tannenbaum gleichende Glockenturm der Kirche Neu-Westend. Diese moderne Konstruktion enstand mit den übrigen Gebäuden 1958–60 nach einem Entwurf der Architekten Konrad Sage und Karl Hebecker.

2. Im Westend

Mit diesem Spaziergang wird eines der merkwürdigsten Kapitel Berliner Baugeschichte aufgeschlagen, denn auf dem »Charlottenburger Plateau«, dem Gelände zwischen Grunewald und der Berlin-Spandauer Chaussee, entstanden ab 1866 zahlreiche Villen und Landhäuser, die durch ihre teils verspielte, teils nüchterne Architektur zu einem beinahe einmaligen Stilchaos auf Berliner Boden führte. Ein Bummel durch die stillen, meist botanische Namen tragenden Straßen des Viertels gestaltet sich jedoch durchaus eindrucksvoll, zumal die Geschichte einiger Villen oft mit dem persönlichen Schicksal ihrer früheren Bewohner verknüpft ist.

Zuvor allerdings sei ein Blick in die Vergangenheit dieses Ortsteil geworfen: Die Villenkolonie »Westend« wurde am 1. Mai 1866 durch die »Kommandit-Genossenschaft auf Aktien« gegründet. Initiatoren der Gesellschaft waren u.a. der wohlhabende Fabrikant Albert Werckmeister (dem ein großer Teil des Baugeländes gehörte), der Kommerzienrat Johannes Quistorp, der Wirkliche Geheime Kriegsrat von Mentzel und der Baumeister Martin Gropius. Mit dem Bau der Villenanlage beabsichtigten die Aktionäre eine Kolonie für das wohlhabende Charlottenburger Bürgertum zu schaffen. Nach vielerlei finanziellen Schwierigkeiten, einigen Austritten von persönlich haftenden Gesellschaftern aus dem Unternehmen und letztlich auch durch die Loslösung von Gropius aus der Gesamtplanung, entstand dann unter der Federführung Heinrich Quistorps, dem Bruder des Mitbegründers, jene Landhauskolonie, die 1878 als Villenvorort der Stadt Charlottenburg eingemeindet wurde.

Als im Juni 1868 die Genossenschaft in die »Westend-Gesellschaft H. Quistorp & Co zu Berlin« umgewandelt wurde, ahnte noch niemand, daß das einst grundsolide Unternehmen in einem Fiasko enden sollte. Der unternehmerische Mut Heinrich Quistorps gab dazu auch keinen Anlaß. Seine maßlosen Ziele aber, die junge Kolonie zu einer selbständigen und unabhängigen Kommune zu machen, schlugen ebenso fehl wie die Pläne für eine separate Ver- und Entsorgung mit Wasser und Elektrizität. Quistorps Schicksal wurde mit einer Bankrotterklärung besiegelt, und als am 2. Dezember 1902 eine Anzeige in der »Neuen Zeit« erschien, die seinen Tod verkündete, gab ihm keiner seiner langjährigen Weggefährten die letzte Ehre. Dafür säumten zahllose anonyme Kränze seinen Sarg. Mit Quistorp, einer der bekanntesten Unternehmerpersönlichkeiten der Gründerjahre, wollte niemand mehr etwas zu tun haben. Dennoch hatte sein Grundkonzept Erfolg: Nach Londoner Vorbild entstand ein vornehmes »Westend«, dessen Wohnqualität damals unbestritten war und heute noch geschätzt wird. Viele interessante Häuser künden vom Repräsentationsbedürfnis einer Epoche, die zu den bemerkenswertesten der Berliner Vergangenheit gehört. Und die Villenkolonie wurde darüber hinaus zu einer Domäne bekannter Persönlichkeiten.

Der Rundgang durch Westend beginnt an der vorab genannten Kirchengemeinde. Nur wenige Schritte von ihr entfernt steht in

Westend, Rüstern- Ecke Kastanienallee: repräsentative Villa aus dem Jahr 1875, erbaut für den Fabrikanten Ludewig. (Aufnahme 1983)

der Eichenallee 15 das 1910 für den Justizrat Dr. Heinrich Nelson erbaute Landhaus. Der durch ein steiles Dach und in den Giebeln durch Fachwerk und roten Backstein gekennzeichnete Bau ist ein Werk August Endells. Weniger auffällig, dafür aber wesentlich älter ist das eingeschossige Landhaus Lindenallee 7. Das im Auftrag der »Westend-Kommandit-Gesellschaft« vom Königl. Hofbaurat Martin Gottgetreu errichtete Haus entstand 1867. Es ist das älteste Landhaus der Siedlung.

Ein Jahr nach Fertigstellung dieses Hauses erbauten der Maurermeister Carl Bolle und der Zimmermeister Friedrich Uterwedde in der Ahornallee 48 für den Direktor Hübner-Trams ein im Renaissance-Stil gehaltenes Landhaus. Nahebei die »Villa Marguerite« (Nr. 49), die die beiden Baumeister für Albert Werckmeister in den Jahren 1868/69 errichteten. Sehenswert auch die auf dem Nachbargrundstück stehende Villa

Westend, Reichsstraße 15: Villa, erbaut 1923/24 von Günther Nentwich. (Aufnahme 1987)

von 1870/71, für die der Architekt F. Titze verantwortlich zeichnete.

Aus der illustren Reihe der prominenten Westend-Bewohner seien hier noch der Mediziner Robert Koch (Ahornallee 39), die Bildhauer August Kraus und Rudolf Siemering (Nußbaumallee 21), das Maler-Ehepaar Reinhold und Sabine Lepsius (Ahornallee 30–32), der Physiologe Emil Du Bois-Reymond (Ahornallee 42) und der Philologe Ulrich von Wilamowitz-Möllendorff (Eichenallee 12) genannt.

So interessant die Bewohner der Kolonie waren, so auffällig ist die Architektur der von ihnen bezogenen Häuser. Die in den ersten Jahren von biederen Maurer- und Zimmermeistern gebauten Villen zeigen überwiegend historisierende Baustile. Dadurch gewinnt dieses Charlottenburger Wohnviertel eine besondere Note. Und reizt zu weiterem Bummel.

Der Weg führt zuerst in die Rüsternallee. Hier steht auf dem Grundstück Nr. 34 eine zweistöckige Villa, deren äußere Erscheinung den Geschmack der damaligen Zeit erkennen läßt. Das Haus ist eine Mischung aus spätklassizistischen Formen und Rokokoelementen, die insbesondere in der durch Putten betonten Dachbrüstung zum Vorschein kommt. Das jetzt als Wohnheim einer Studentenverbindung dienende Gebäude entstand 1893 nach Plänen des Maurermeisters C. Lindmann. Der Villa schräg gegenüber steht in der Kirschenallee 21a ein stattliches Haus, das dem Typus eines »vornehm-konventionellen Landhauses« entspricht. Den wohlproportionierten Bau entwarf Josef Bachem im Jahr 1924 anstelle eines von Paul Zimmerreimer in eine Sommerwohnung umgebauten Treibhauses. Diese Villa ist seit Jahren Sitz des Türkischen Generalkonsulats. Im weiteren Verlauf der Rüsternallee trifft man an der Ecke zur Kastanienallee auf die vermutlich vom Baumeister Piater in den Jahren 1872 bis 1875 für den Fabrikanten J.Th. Ludewig erbaute Villa. Das 1935 durch Emil Fangmeyer umgebaute Haus ist bemerkenswert. Dies gilt nicht nur für die spätklassizistische Formgebung des Äußeren, sondern hauptsächlich für den am Zusammenschluß der beiden Gebäudeflügel eingestellten Rundturm, dessen kegelförmiger Helm weit sichtbar ist.

Ein anderes Beispiel für die vielfältige Westender Architektur ist in der Reichsstraße 15 zu finden. Von Fachleuten als ein Haus im »Pudding-Barock mit Zuckerguß« geschmäht, stellt auch diese Villa ein Dokument ihrer Zeit dar – und diese war nicht unbedeutend: entstanden während der Inflationsjahre 1923/24 durch den Architekten Günther Nentwich für Leopold Lindemann, spiegelt sie wohl das persönliche Finanz- (oder Spekulations-) Geschick des Bauherrn wider. Zur selben Zeit ließ sich auch der Goldschmied Emil Lettré sein Haus in der Rüsternallee 19 errichten. Jahre zuvor, 1907/08 bzw. 1910, entstanden die Villen Ebereschenallee 18 und Eichenallee 15. Das erste Haus gehörte dem Schriftsteller Martin Beheim-Schwarzbach, der den Baumeister Paul Schultze-Naumburg verpflichtete.

Abschließend sei auf das wohl interessanteste Haus der Kolonie verwiesen. Es steht in der Ulmenallee 3. Diese in neugotischen Formen gehaltene Villa mit ihrem zinnenbekrönten Turm entstand um 1870. Der Baumeister des Hauses ist nicht bekannt. Es kann aber angenommen werden, daß das Gebäude der »Villa Ibrox« nachempfunden worden ist und denselben Baumeister hatte wie diese. Die »Villa Ibrox« nun, die offenbar vom Hofmaurermeister Rabbath erbaut wurde, steht noch in veränderter Gestalt in der Ahornallee 6. Sie wurde vom Gründer Westends, Heinrich Quistorp, in Auftrag gegeben und sollte an seinen England-Schottland-Aufenthalt in Glasgow/Ibrox-Terrace, bei dem er seine Ehefrau kennengelernt hatte, erinnern.

Daß eine Reihe der auf einem ehemals 250 Morgen großen Gelände errichteten Villenkolonie Westend stehende Gebäude seit langem denkmalgeschützt sind, versteht sich nach dieser Betrachtung fast von selbst. Wie gesagt, ein Rundgang durch ihre Straßen kann, sofern man einen Sinn für die historische Vergangenheit dieses Charlottenburger Ortsteiles hat, zu einem kleinen Erlebnis werden.

3. Grünbereiche

Von den zahlreichen Berliner Gewässern werden nur einige wenige aus der öffentlich geführten ökologischen Diskussion herausgehalten. Zu ihnen gehört der fast einen Hektar große und bis zu drei Meter tiefe Sausuhlensee an der Olympischen Straße. Dieses außerordentlich reizvolle Gewässer liegt in einer Talsohle auf dem 1924 eröffneten Friedhof Heerstraße.

Charakteristisch für das Landschaftsbild rund um das Olympia-Stadion ist ein Hügelgelände, dessen höchste Erhebung die 61 Meter hohen Murellenberge sind. In einer langgestreckten, im Osten und Westen von Hängen begrenzten Rinne dieser Kameslandschaft befindet sich neben dem Sausuhlensee und einem kleinen Waldsee auch das Naturschutzgebiet »Fließwiese Ruhleben«, auf das bereits hingewiesen wurde.

Anders als bei dem durch Ausflügler und mutwillige Zerstörung beeinflußten Reservat, besitzt der im Friedhofsgelände eingebettete See eine reelle Chance, vom Zugriff der Öffentlichkeit nicht gestört zu werden. Inmitten eines landschaftlich schönen Geländes gelegen, nimmt er deshalb unter den natürlichen Gewässern der Stadt eine exponierte Stellung ein. Ein Besuch dieser Landschaft ist aber noch aus einem anderen Grund lohnenswert, denn das den See umgebende Gelände ist seit mehr als sechzig Jahren ein »steinernes« Geschichtsbuch. Gemeint sind damit die Grabstätten bekannter Persönlichkeiten, deren Namen noch heute weitestgehend ein Begriff sind. So findet man die Gräber der Städtebauer Josef Brix und Hermann Jansen, des Architekten Georg Süßenguth, des Bildhauers Georg Kolbe und die der Schauspieler Paul Wegener und Tilla Durieux. Beachtenswert in dem von Richard Köhler nach Ideen des Charlottenburger Gartendirektors Erwin Barth angelegten Friedhofs ist auch die von Erich Blunck in expressionistischen Formen gestaltete Feierhalle aus den Jahren 1923/24. Über den ursprünglich als Begräbnisplatz für die Bewohner des Ortsteils Heerstraße gedachten Friedhof schrieb der vom Chronisten dieses Buches geschätzte Kunsthistoriker Klaus Konrad Weber einmal, daß »diese Schöpfung als durchaus würdevoller, seinem Zwecke vollauf entsprechender Friedhof anzusehen ist«, daß »man ihn aber auch unbefangen als Park erleben kann.«

Dieser Waldfriedhof entstand auf ehemaligem Forstgelände unter der Staatlichen Kommission zur Aufteilung der Domäne Dahlem. In späterer Zeit erfuhr das Gelände mehrere kleine Veränderungen, so 1935/36 durch Heinrich Wiepking-Jürgensmann und 1937–39 durch Erich Groß, die jedoch kaum die landschaftliche Schönheit der grünen Oase beeinflußten.

Einen ähnlichen Charakter unter allerdings veränderten Vorzeichen hat der ehemalige Sachsenplatz, der seit Jahren den Namen des Professors für Städtebau an der TH Charlottenburg, Josef Brix (1859–1943), trägt. Auch hier trifft man auf eine interessante Grünlandschaft, die ihrer Gestaltung nach nicht als Platz, sondern als Park angesehen werden muß. Erwin Barth schuf von 1919–22 diesen Park-»Platz« als

Westend, Georg-Kolbe-Hain: 1915/16 als Grünbereich angelegt, 1929 durch Felix Busch in einen Heidepark umgewandelt. (Aufnahme 1989)

eine Anlage, die Vegetationsbilder der Mark Brandenburg zur Anschauung bringen soll. Diese »märkische Landschaft in Kleinformat« sollte bei einem Besuch Westends nicht ausgelassen werden!

Nächster Haltepunkt ist der »Georg-Kolbe-Hain«, der neben dem Gelände um den Sausuhlensee und dem Brixplatz auf Initiative des Städtebauers Hermann Jansen (1869–1945) zurückgeht, d.h., seine Anlage entsprach dem von ihm 1909 konzipierten Grünordnungsplan für Berlin, in dem folgende Forderungen aufgestellt wurden: Eingliederung vorhandener landschaftlicher Schönheiten in die Bebauung, wohnungsnahe Grünanlagen bis zu maximal 2 km Entfernung; genügend Freilandfläche für jede Ansiedlung und geschickte gärtnerische Aufteilung, so daß Erholungsplätze und architektonisch gestaltete Plätze ein Stück Natur bewahren.

Jansens Plan wurde preisgekrönt. Die Vorschläge, die der durch zahlreiche Bebauungspläne hervorgetretene Professor machte, wurden in Berlin und auch in Charlottenburg in die Tat umgesetzt. Hier entstanden zwischen 1915 und 1924 drei hintereinanderliegende, unterschiedlichen Funktionen dienende Grünanlagen von besonderem Reiz: der Parkfriedhof am Sausuhlensee, der Brixplatz und der Georg-Kolbe-Hain.

Die nach dem in Waldheim/Sachsen am 15. April 1877 geborenen und in Berlin am 20. November 1947 verstorbenen Bildhauer Georg Kolbe benannte Anlage wurde auf einem von der Bebauung ausgesparten Forststreifen angelegt. In den Jahren 1915/16 war dieser in eine Grünanlage, 1929 von Felix Busch in einen Heidepark umgewandelt worden. Die insgesamt etwa sechs Hektar große Grünfläche teilt sich heute in den Georg-Kolbe-Hain (im Norden) und in den Ortelsburgpark (im Süden) auf. Den nördlichen Abschnitt schmücken fünf Abgüsse, die zu Kolbes Spätwerken gerechnet werden.

Für Freunde moderner Plastik und Skulptur lohnt sich der Weg zum nahegelegenen Museum (Sensburger Allee 25/26). Inmitten eines Waldgartens stehen lebens- und überlebensgroße Bildwerke als künstlerische Dokumente aus dem Leben Georg Kolbes.

Beginnen sollte man den Rundgang zuerst im schlichten Backsteinbau, in dem Kolbe von 1929 bis zu seinem Tod gelebt und gearbeitet hat. Das Gebäude selbst, durch Ernst Rentsch in den Jahren 1928/29 erbaut, dann durch Paul Linder um das Atelier und den Skulpturenhof erweitert, ist ein wenig formschöner Bau. Das Wohnhaus wie auch das Atelier sind zweigeschossig, beide mit flachen Dächern besetzt. Im Haus befindet sich eine reichhaltige Sammlung an Bildwerken und Zeichnungen. Kolbes Wunsch entsprechend wurde sein gesamter künstlerischer Nachlaß in Gestalt dieser Ausstellung der Nachwelt zugänglich gemacht. Zwei Jahre nach seinem Tod wurde die »Georg-Kolbe-Stiftung« ins Leben gerufen und bereits 1950 das Haus in der Sensburger Allee als Museum eröffnet.

IX. Zwischen Witzleben und Lietzensee

1. Aus der Vergangenheit eines Landsees

Aus dem Spandauer Erbregister des Jahres 1590 erfährt man, daß die wendischen Fischer vom Spandauer Kiez das Recht besaßen, den im heutigen Bezirk Charlottenburg gelegenen Lietzensee mit dem »Kietzer Garn von Martini bis Ostern« zu befischen, und daß sie die Hälfte ihrer Erträge gegen Brot und Bier an das Nonnenkloster zu Spandau abführen mußten.

Am 14. Oktober 1717 ersuchte der Operateur und Zahnarzt Friedrich Schoppe den König, ihm die Erlaubnis zur Anlage einer Reb- und Maulbeerpflanzung am Seeufer zu erteilen. Das Gesuch wurde jedoch abgelehnt, doch siebzig Jahre später, 1785, entstand am See unter dem Geheimen Kommerzienrat Schmits eine Plantage, die allerdings in kürzester Zeit an Bedeutung verlor. In den darauffolgenden Jahren ging das Gelände an verschiedene Besitzer über: Vom Bankier Cohen gelangte es an die Gräfin Schmettau und von ihr an den Bankier Benecke von Gröditzberg. Nachdem dieser das Terrain durch den sogenannten »Lehmkutenfleck bei den Scheunen« ausgebaut und vergrößert hatte (1823), fiel es an den Justizkommissar Robert. Obwohl dieser das Grundstück nur vier Jahre lang sein Eigen nannte, hieß das Gelände im Volksmund von nun an »Roberts Park«. Sein Nachfolger wurde dann der Kunstgärtner Kunze, der es schließlich an den Kriegsminister und Generaladjudanten Karl Ernst Job von Witzleben veräußerte. Auf dem für

120 Taler jährliche Erbpacht erworbenen Terrain entstand nun ein Landhaus als Sommersitz, das Jahre später noch von Werner von Siemens in Briefen an seine Frau als besonders erholungsfördernd gepriesen wurde.

Nach dem frühen Tod des Generals (1837) hatte der Minister Rother die Vormundschaft über die Witzlebenschen Kinder übernommen, zugleich auch die Verwaltung und spätere Veräußerung des inzwischen zu einem herrschaftlichen Besitz gewordenen Anwesens. Am 4. April 1840 übernahm der Kunstgärtner und Forschungsreisende Ferdinand Deppe das gesamte Grundstück, das im selben Jahr durch Kabinettsorder den offiziellen Namen »Witzleben« erhielt.

Zwanzig Jahre später ging Witzleben für 15.000 Taler an den Holzhändler Schönemann über, und bereits 1871 fiel es für den zehnfachen Preis an die Geschäftsleute Sobernheim und Pringsheim. War Witzleben unter Deppes Ägide durch seine herrlichen Rosen- und Georginenzüchtungen zu einer stadtbekannten Sehenswürdigkeit geworden, so schlummerte es nach der erneuten Übergabe für längere Zeit in einem Dornröschenschlaf dahin. Die Eigentümer kümmerten sich wenig um den Besitz, der Park blieb ungenutzt, und das Landhaus verfiel. Nur ein Gärtner beaufsichtigte das weitläufige Gelände und verwehrte Besuchern jeglichen Zutritt. Nur einmal, als die Berliner Gewerbe-Ausstellung 1896 stattfand, wurden die Pforten zum Park für kurze Zeit geöffnet.

Dieser Augenblick genügte, um der Bevölkerung die Schönheit des Geländes vor Augen zu führen. Der bislang verborgene Reiz der Anlage brachte eine Art Bürgerinitiative auf den Plan, der es schließlich mit Unterstützung der kurz vor der Jahrhundertwende gegründeten »Gesellschaft Park Witzleben« gelang, das Gelände der Öffentlichkeit zugänglich zu machen. 1899 kam Witzleben an den preußischen Staat, der es nunmehr als Gartenanlage in seiner heute noch vorhandenen Gestalt ausbauen ließ.

Mit Verlegung der Kantstraße (1905) in Richtung Bahnhof Witzleben wurde der 800 Meter lange Lietzensee in seiner Mitte künstlich eingeschnürt. Die durch den Ausbau angefallenen

Erdmassen schüttete man dabei zu einem Wall auf, der den Untergrund für die Brückenfundamente bildete. Zur selben Zeit entstanden die roten, dem Jugendstilgeschmack folgenden Brückenaufbauten mit ihren allegorischen Figuren. 1912 wurden zur Dernburgstraße hin unter dem Stadtbaurat Heinrich Seeling in Zusammenarbeit mit dem Stadtgartendirektor Erwin Barth dekorative Kaskaden angelegt, die dem See frisches Wasser zuführten.

Nach wie vor erfreut sich diese Parklandschaft bei ihren Besuchern großer Beliebtheit. Vergessen sind die schweren Verwüstungen während des Zweiten Weltkrieges, und der sich in diesem innerstädtischen Grün erholende Zeitgenosse hat Zeit und Muße, einen Blick auf die in der Landschaft aufgestellten Denkmäler zu werfen. Zu diesen gehört u.a. das »Denkmal für die Gefallenen des Königin Elisabeth Garde Grenadier-Regiments Nr. 3«, das Eugen Schmohl auf Vorschlag des Hauptmanns Erich Freiherr von Stössel geschaffen hat sowie die von Gerhard Janensch 1913 modellierte Figurengruppe »Faun, einem Knaben das Flötenspiel lehrend«.

Ein anderes Standbild aus dem Lietzenseepark hat inzwischen seinen Platz gewechselt. Es ist das 1868 von Reinhold Begas vollendete Denkmal Friedrich von Schillers. Ursprünglich sollte es zum 100. Geburtsag des Dichters vor dem Berliner Schauspielhaus aufgestellt werden, seine Fertigstellung verzögerte sich jedoch wegen politischer Manipulationen und persönlicher Intrigen, so daß es erst am 10. November 1871 seinen vorgesehenen Standort erhielt.

Das Bildwerk wurde 1935 bei der Umgestaltung des Schauspielhauses beschädigt und mußte abgetragen werden. Zum Glück konnten die Bruchstücke durch den Bildhauer Prof. August Kranz ersetzt werden. Das restaurierte Standbild gelangte zunächst auf einen Abstellplatz der Stadt und von dort aus zur Bildgießerei Noack nach Friedenau. Die Odyssee des Schiller-Denkmals endete schließlich im Lietzenseepark, wo es im Jahre 1952 aufgestellt wurde. 1987/88 erfolgte ein Tauschgeschäft zwischen dem Berliner Senat und den DDR-Behörden, das dazu führte, daß das Denkmal nun endgültig

Blick auf den Lietzensee mit Kaskaden (Heinrich Seeling, 1912) und Punkthochhaus (Helmut von Lülsdorff, 1958). (Aufnahme 1983)

seinen ihm von Anfang an zugedachten Platz im Herzen Berlins erhielt.

2. Ein fast vergessener Siedlungsplatz

Auf einem verhältnismäßig schmalen Gelände zu beiden Seiten des Lietzensees erstreckt sich ein Siedlungsbereich, dessen Name nur Anwohnern, Städteplanern und Stadthistorikern ein Begriff ist: Witzleben. Vergessen ist die Vergangenheit dieser Gemarkung, die nie über ihre engen Grenzen hinaus bekannt wurde und die demzufolge auch keinerlei amtliche Bestätigung gefunden hatte – jedenfalls keine dauerhafte. Und würde nicht der nahegelegene S-Bahnhof mit ihrem Namen belegt worden

103

sein, so wäre »Witzleben« wohl völlig aus der Stadtgeschichte verschwunden.

Selbst wenn die Zeiten über die kleine Charlottenburger Ansiedlung hinweggegangen sind, so sollte nicht übersehen werden, daß in den Straßen rings um den Lietzensee eine Reihe interessanter Bauwerke stehen, die sowohl aufgrund ihrer städtebaulichen Reputation wie auch ihrer Geschichte bemerkenswert sind. Ein Gang durch das Viertel soll daher versuchen, auf einige dieser Gebäude aufmerksam zu machen.

Ausgangspunkt für den Bummel ist das den Landsee und die ihn umgebende Bebauung überragende 15-geschossige Punkthochhaus, das Helmut von Lülsdorff 1958 erbaut hat. Ihm gegenüber am Lietzenseeufer 1 steht das für W. Eichmann nach Plänen der Architekten Gustav Hart und Alfred Lesser errichtete »Haus See-Eck«, ein fünfgeschossiges, leicht nach innen geschwungenes Mietwohnhaus aus den Jahren 1908/09. Nahebei das Hotel »Seehof«, Lietzenseeufer 11. Rudolf Fuchs-Henel und Erich Kalus entwarfen den im Erdgeschoß aus Stahlbeton bestehenden und in den oberen Geschossen mit Stahlbetonplatten verkleideten Mauerwerkbau (1964–66).

Folgt man der Straße in nordöstlicher Richtung, trifft man am Witzlebenplatz auf den weitläufigen Komplex des Kammergerichts. Der sich bereits durch die Wahl seines Standortes auszeichnende neobarocke Verwaltungsbau entstand 1908 bis 1910 nach einem Entwurf der Geheimen Bauräte Heinrich Kayser und Karl von Großheim und des für die örtliche Bauleitung verantwortlichen Regierungsbaumeisters Seifert. Das am 2. September 1910 in Anwesenheit des Kaisers feierlich eingeweihte Gebäude war damals als Sitz für das Reichsmilitärgericht bestimmt. Bemerkenswert an diesem Justizpalast ist seine Gliederung in zwei selbständige Teile: in das recht nüchtern wirkende barockisierende Geschäftsgebäude und in den sich an die Landhausarchitektur anlehnenden Wohnteil, der ursprünglich die Präsidentenwohnung aufnahm.

Etwas weiter östlich an der Witzlebenstraße überrascht den Betrachter die ungewöhnliche Konstruktion der St. Canisius-Kirche. Der akubische, von Tonnenbögen unterschiedlicher

Krümmung beherrschte Bau wurde 1955 von Reinhard Hofbauer errichtet, zehn Jahre später dann infolge bautechnischer Probleme von Hermann Jünemann umgebaut.

Zwei andere Bauwerke stehen in der Nähe des katholischen Gotteshauses: Es ist einmal das in der Kuno-Fischer-Straße 8 stehende frühere Verwaltungsgebäude der Knappschafts-Berufsgenossenschaft, das Rudolf A. Hartmann 1928 als Klinkerbau unmittelbar am Lietzensee ausführte, zum anderen die trapezförmige Anlage der 1926–28 von Willy Hoffmann erbauten Oberpostdirektion an der Dernburgstraße 40–54/Herbartstraße 18–22. Der in der Stilform des Expressionismus ausgeführte Bau wird sowohl in seinem Innern als auch an der Außenfassade durch eine Reihe bildhauerischer Arbeiten geschmückt. Hervorzuheben sind u.a. die Portalfiguren, die der Bildhauer Hans Klakow 1927 auf Anregung des Dozenten an der Staatlichen Keramischen Fachschule in Bunzlau/Niederschlesien, John Martens, entworfen hatte und die nach ihrer Fertigstellung in Ullersdorf bei Bunzlau gebrannt wurden.

Von dem heute der Landespostdirektion unterstehenden Gebäude und dem hinter ihm in der Dernburgstraße 58 stehenden, 1924/25 durch das Entwurfsbüro der Oberpostdirektion errichteten Wohnhaus geht der Weg über die Wundtstraße weiter in Richtung S-Bahnhof Witzleben. Am Grundstück Wundtstraße 46 erkennt man eine fünfgeschossige Baugruppe mit zur Straße hin offener Gartenanlage, die eine Verbindung zum Lietzenseepark herstellt. Die verputzten Mauerwerksbauten enstanden 1926 für die Gemeinnützige Beamten-Siedlungsgesellschaft mbH nach einem Entwurf von Peter Jürgensen.

Den Abschluß dieses Rundgangs bildet der Halt vor dem S-Bahnhof Witzleben, der nach Anlage des 50 Meter breiten Straßenzuges Bismarckstraße-Kaiserdamm-Döberitzer Heerstraße 1913–1916 als Haltestelle am Schnittpunkt der Straße mit den Gleisen der Stadt- und Ringbahn entstand. Verantwortlich für das Projekt war der Stadtbaurat August Bredtschneider (1855–1924). Entstanden war ein bis zu acht Meter unter dem Straßenniveau liegender Verkehrsbau mit zwei 173 Meter langen

Bahnsteigen und einem an der Neuen Kantstraße errichteten Empfangsgebäude, dessen Eingangstor aus Dorlaer Muschelkalk besteht und dessen hohes Mansardendach mit grauen holländischen Pfannen gedeckt wurde.

X. Am Rand des Grunewaldes

1. In einem »lichten Berliner Dörfchen …«

Nordwestlich der Avus liegt zwischen dem Messegelände, der Teufelsseechaussee und den bereits zu Wilmersdorf gehörenden Jagen 55 und 82/83 des Grunewaldes die ab 1922 entstandene Charlottenburger Kolonie »Eichkamp«. Ein relativ junger Siedlungsbereich innerhalb der Berliner Stadtgrenzen also, der, was seine Vergangenheit betrifft, kaum etwas Bemerkenswertes zu bieten scheint. Keine herausragende Architektur fällt auf, und historische Ereignisse, die von hier ihren Lauf nahmen, sind ebenfalls nicht bekannt. Dennoch, einige an den begrünten Straßen und Wegen stehende Reihen- und Einzelhäuser sind durch ihre Bauherren und -meister beachtenswert. Deshalb lohnt sich ein Gang durch die verschwiegen wirkende Kolonie durchaus.

Noch bevor die Märkische Heimstätten GmbH mit dem Bau der ersten Reihenhäuser in der Alten Allee und am heute Eichkampstraße genannten Königsweg begann, war die Forstparzelle als »Willmersdorffischer Eichelkamp« namentlich bekannt. Das war 1760. Damals gehörte das Gelände zum Gutsbezirk Spandau-Forst, und es war seiner etymologischen Deutung zufolge ein aus jungen Eichen bestehendes, gehegtes Waldstück. Als die in diesem Gebiet wohl vor 1825 angelegte Försterei Charlottenburger Feld 1879 abgerissen wurde, entstand für die Königl. Oberförsterei Grunewald und den Schutzbezirk

Charlottenburg im heutigen Grunewald-Jagen 56 ein neues Forsthaus, dem man den Namen »Eichkamp« gab. Die alte Flurbezeichnung wurde dann sofort auf die im Entstehen begriffene Kolonie übertragen.

Die ersten, von 1922 bis 1924 errichteten Häuser entstanden unter den Gesellschaften Bauhütte und Dommer & Co., und sie entsprachen im wesentlichen den Haustypen, die Helmcke, Jürgensen u.a. 1920 an der Westendallee und in der Siedlung Heerstraße erbaut hatten. Diesen Häusern folgten 1924–26 mehrere hellverputzte Doppelhäuser am Zikadenweg. Bauherr war hier die Deutsche Genossenschaft Eichkamp, für die Otto Pflug als Architekt tätig war.

Zur selben Zeit, 1925–27, bauten Bruno Taut und Martin Wagner für die Gemeinnützige Heimstätten Spar- und Bau AG. (Gehag) in der Straße am Vogelherd, in der Waldschulallee und am Lärchenweg schlichte, für zwei Familien gedachte Doppelhäuser. Den weiteren Ausbau der Siedlung übernahm dann 1928/29 Max Taut und Franz Hoffmann für die Deutsche Wohnfürsorge AG. (Dewog). In dieser letzten Bauphase entstanden am Lärchen- und Zikadenweg hinter Vorgärten liegende, dunkel verputzte Doppelhäuser mit übergiebelten Eingängen an den Schmalseiten. Hinzu kamen einige eingeschossige Doppelhäuser mit ausgebautem Dachgeschoß sowie mit einem helleren Anstrich versehene Reihenhäuser. Diese Gebäude lagen ebenfalls am Zikadenweg.

Zwischen den zusammenhängenden, artverwandten Siedlungseinheiten wurden andere, individuell gestaltete Wohnhäuser errichtet. Zu diesen gehört das 1929/30 durch Harry Rosenthal entworfene Haus am Kühlen Weg 9. Bauherr war der Schriftsteller Arnold Zweig, der es mit seiner Familie bis zum März 1933 bewohnte.

Zweig, in dessen Persönlichkeit sich nach Meinung des Literatur-Papstes Marcel Reich-Ranicki »Deutschtum, Judentum, Preußentum« zu einer Einheit verschmolzen, ließ sich an dem kleinen Siedlungshaus, in dem er »mitten zwischen Speisezimmer und Veranda saß und seiner Familie zur Last fiel und von ihr gestört wurde«, ein Atelierhaus anbauen, wo ihm die

Eichkamp: Kiefernweg: unterschiedliche Bebauung kennzeichnet den zwischen 1922 und 1930 entstandenen Charlottenburger Wohnbereich. (Aufnahme 1988)

verglasten Fronten soviel Licht gaben, daß ein Arbeiten trotz eines immer schlimmer werdenden Augenleidens gewährleistet war.

Zweigs Aufenthalt in Eichkamp war jedoch nur eine Station auf seinem Lebensweg. Aus seiner Biographie läßt sich daher noch einiges hinzufügen: Nach Studienjahren in München und der Teilnahme als Freiwilliger am Ersten Weltkrieg kam der am 10. November 1887 als Sohn eines Sattlermeisters in Groß-Glogau/Niederschlesien geborene Arnold Zweig nach einem längeren Aufenthalt in Starnberg 1923 nach Berlin. Hier bezog er mit seiner Familie eine Wohnung in der Matterhornstraße, von der er 1930 nach Eichkamp übersiedelte.

Der durch die Ereignisse des Krieges geprägte und durch sie zu einem scharfsinnigen Zeit- und Gesellschaftskritiker gewordene Zweig begann in Eichkamp mit dem Buch »Junge Frau von 1914« seinen später vielbeachteten Romanzyklus »Der große Krieg der weißen Männer«. 1933 mußte er Deutschland verlassen. Über Prag und Südfrankreich gelangte er nach Palästina, von wo er 1948 nach Deutschland zurückkehrte. Zweig ging nach Niederschönhausen. Mit zahlreichen literarischen Ehren ausgezeichnet, verstarb er dort, fast völlig erblindet, am 16. November 1968.

Arnold Zweigs Arbeiten sind erhalten geblieben, auch ein kleiner Artikel, den er 1932 über sein »Atelier« in Eichkamp geschrieben hatte. In diesem heißt es u.a.: »... Die Südfront besteht fast ganz, die Westfront aus zwei Fünfteln aus Glastüren. Sie öffnen sich auf ein Gärtchen, das zum Teil mit rötlichen Kalkplatten ausgelegt ist ... So steht der weiße Würfel des Ateliers am Rande der großen Stadt Berlin, zwischen kleinen Gärten und dem Wald, Spielplätzen und Kiefern. Nachts tastet der Scheinwerfer des Funkturms an seiner Ostwand, tags überfliegen ihn Flugzeuge ...«

In Eichkamp, »einem lichten Berliner Dörfchen mit kindlich-schlichten Straßen und Häuschen ...« – so Ludwig Marcuses Erinnerungen an die am Rand des Grunewaldes liegende Kolonie – wohnten und wirkten darüber hinaus eine Reihe weiterer, noch heute bekannte Persönlichkeiten. Neben dem »lebensfrohen Pessimisten« Marcuse, der ein Haus am Eichkatzweg 31 besaß, hatte die Lyrikerin Elisabeth Langgässer mit Ehemann und Kindern das Nachbarhaus Nr. 33 bezogen, und nur einen Steinwurf entfernt (Nr. 35) lebte der Schriftsteller Horst Krüger bis zu seiner Verhaftung im Dezember 1941. Ein anderer Eichkamp-Bewohner war Max Taut.

Weniger abhängig von politischer Willkür und demzufolge bodenständiger war das Leben dieses Mannes: Als Sohn eines Königsberger Kaufmanns am 15. Mai 1884 geboren, verstorben am 26. Februar 1967 in Berlin und beigesetzt auf dem kleinen Friedhof am Kloster Chorin, gehörte Max Taut zu jenen Architekten, die zwischen 1906 und 1967 das Architekturbild Berlins beeinflußten. Namen wie Scharoun und Franz Hoffmann (mit dem Taut soziierte) und natürlich Bruno Taut, sein Bruder, fallen im Zusammenhang mit dem damals vielbeschäftigten und vielgeehrten Architekten und Städteplaner.

Eichkamp, S-Bahnhof Eichkamp im Jahr 1988. Die Verkehrsanlage entstand 1928/29 nach Plänen Richard Brademanns.

Zu Tauts früheren Wohnbauten gehören auch die Häuser in Eichkamp. Bereits 1919 hat er einen Bebauungsplan für das ehemalige Domänengelände entworfen. Auf dem 133 Hektar großen Terrain sollten nach seinen Vorstellungen annähernd 10.000 Menschen in Siedlungshäusern ein Zuhause finden. Aber erst 1919/20 konnte ein Teil dieses Gedankens verwirklicht werden, und nachdem sein Bruder Bruno in den darauffolgenden Jahren die Siedlung nach einem veränderten Entwurf weiter ausbaute, übernahm Max Taut 1927/28 die Weiterführung des Projekts. Am Lärchenweg 15 bezog der Architekt selbst ein von ihm erbautes einstöckiges Reihenhaus.

2. Treffpunkte

1882 entstand auf der zwischen den Jahren 1844 und 1846 angelegten Fernbahnstrecke Berlin-Hamburg eine zweigleisige Verbindungsstrecke zur Stadtbahn, die die Endbahnhöfe Ruhleben und Charlottenburg miteinander verband. Vier Jahre später errichtete die Eisenbahngesellschaft an der Nordseite des Werkstättenbahnhofs Grunewald anstelle des Betriebshaltepunktes eine für den öffentlichen Verkehr bestimmte Personenstation, der in Anlehnung an die kurz zuvor eingerichtete Revierförsterei der Name »Eichkamp« gegeben wurde.

Als ab 1928 im Rahmen der Elektrifizierung der Stadt-, Ring- und Vorortbahnen ein durchgreifender Um- und Ausbau der Gleisanlagen erforderlich wurde, verlegte die 1920 gegründete »Deutsche Reichsbahn« die Station an die neue, zwischen den Bahnhöfen Westkreuz und Heerstraße liegende Trasse. Parallel mit dem Bau des seit 1932 Westkreuz genannten Bahnhofs »Ausstellung« vollzog sich die Neuanlage des Stadtbahnhofs Eichkamp.

Ausführender Architekt des tief unter dem Straßenniveau im Einschnitt der Grunewaldausläufer liegenden Mittelbahnsteigs und des südlich angrenzenden Empfangsgebäudes war Richard Brademann. Der von der Deutschen Reichsbahn mit zahlreichen Bauvorhaben beauftragte Architekt schuf für die Station Eichkamp einen eingeschossigen, mit roten Klinkern verblendeten Mauerwerkbau, dessen symmetrische, durch dreieckig vorspringende Wandvorlagen gegliederte und teilweise mit Ziegelmuster ausgestattete Fassade trotz expressionistischer Stilelemente der Form der Neuen Sachlichkeit entspricht. Die 1928/29 vollendete Anlage erhielt mit dem Bau der in unmittelbarer Nähe entstandenen Deutschlandhalle als spiegelbildliche Erweiterung auf der dem Forum zugekehrten Seite einen zweiten Fußgängersteig. Mit Vergrößerung des Bahnhofsgeländes bekam die Station den Namen »Deutschlandhalle«, den sie bis 1946 trug.

Soweit die historische Entwicklung dieser S-Bahnhaltestelle. Regelmäßige Benutzer und natürlich Liebhaber der Berliner Stadtbahn wissen, daß diese über »Eichkamp« führende Bahnlinie seit Jahren nicht mehr in Betrieb ist. Der S-Bahnverkehr wurde 1961 eingestellt. Am Wärterhäuschen sprossen Rosen, auf dem Bahnhof hatten sich Wildkräuter breitgemacht. Der einstige Treffpunkt für Reisende hatte infolge politischer Rangeleien seine Anziehungskraft verloren. Eine Wiederinbetriebnahme ist jedoch in Sicht, und dies ist ebenso sinnvoll wie nützlich.

Denn: Hier liegt die »Deutschlandhalle«, eine vielfältig genutzte Arena und Versammlungsstätte – ein Ort der Kommunikation und der Unterhaltung. Die Geschichte dieses Forums begann Ende der zwanziger Jahre.

Am 7. Dezember 1935 wurde die bereits 1929/30 geplante Errichtung einer großen Sporthalle mit der festlichen Eröffnung der zwischen Messedamm und Eichkamp erbauten Mehrzweckhalle verwirklicht. Dem Bau vorangegangen war der Gedanke, neben dem aus dem »Kino der 4.000« entstandenen Sportpalast in Schöneberg und der Dortmunder »Westfalenhalle« ein unterschiedlichen Veranstaltungen zugedachtes, überdimensionales Forum in Berlin zu errichten. Verantwortlich für die Planung war der auf diesem Gebiet bereits erfolgreich tätige Generaldirektor Franz Ohrtmann.

Zusammen mit den im Unternehmen Wiemer & Trachte tätigen Ingenieuren Fritz Wiemer und Paul Tewes entwarf er den damals größten überdachten Hallenbau der Welt, der fast 80 Prozent mehr Besucher aufnehmen konnte als die Westfalenhalle. Viele noch heute in Erinnerung gebliebene Veranstaltungen fanden in der Deutschlandhalle statt, bis am 16. Januar 1943 das Gebäude während einer Vorstellung in Brand geschossen wurde. Am 19. Oktober 1957 konnte die Halle nach ihrer Wiederherstellung erneut eröffnet werden.

In unmittelbarer Nachbarschaft trifft man auf das in aller Welt bekannte Berliner Ausstellungs- und Messegelände, das vor dem Ersten Weltkrieg und in den zwanziger Jahren errichtet und nach dem Brand 1935 durch Richard Ermisch wieder aufgebaut wurde (1935/36). Ab 1950 entstanden auf dem Gelände weitere Hallen und Ausstellungsflächen u.a. nach Entwürfen von Franz Heinrich Sobotka, Gustav Müller, Bruno Grimmek und Harald Franke. Jüngstes Bauwerk in diesem Ensemble ist das Internationale Congress Centrum Berlin (ICC), das 1973–79 nach Plänen der Berliner Architekten Ralf

Schüler und Ursulina Schüler-Witte erbaut worden ist.

Überragt werden die einzelnen Baugruppen vom 138 Meter hohen Stahlgitterbau des Funkturms, den Heinrich Straumer anläßlich der 3. Deutschen Funkausstellung in den Jahren 1924–26 errichtete. Von hier aus sind es nur wenige Schritte, und man trifft eine andere, neue architektonische Dominante. Gemeint ist das 1963–71 von Robert Tepez erbaute Fernsehzentrum des Senders Freies Berlin, das unmittelbar neben dem von Hans Poelzig entworfenen Haus des Rundfunks (1929–31) in der Masurenallee steht.

3. Ausblicke

Der erste Haltepunkt dieses Spaziergangs liegt in luftiger Höhe: Von der obersten Plattform des 77,17 Meter hohen, westlich des Maifeldes stehenden Glockenturms geht der Blick weit ins Land. In der Ferne liegen Spandau und das Havelland, Potsdam, Nauen und Hennigsdorf, zur anderen Seite schließlich die östlichen Berliner Stadtteile und die Müggelberge.

Unter uns die Sportanlage, einst Deutschlands größte Arena für sportliche Aktivitäten und noch immer eine Reminiszenz an die Olympischen Spiele des Jahres 1936: das Berliner Olympia-Stadion. Zusammen mit der von 1934 bis 1936 nach Plänen Werner Marchs und seines Bruders Walter erbauten Anlage entstand als Kenn- und Wahrzeichen zugleich der Glockenturm, in dem eine vom Bochumer Verein gegossene Stahlgußglocke aufgehängt wurde. Die mit dem Spruch »Ich rufe die Jugend der Welt« versehene Glocke ist seit 1962 durch einen Neuguß ersetzt; die alte Olympia-Glocke, die während der Sprengung des Turms im Zweiten Weltkrieg beschädigt wurde, steht seitdem am Südtor des Stadions.

Vom wiederaufgebauten Turm fällt noch einmal der Blick auf die unter ihm liegende Landschaft und die nordwestlich in die dreißig Meter tiefe Murellenschlucht eingebettete, einem antiken Theater nachgebildete Waldbühne. Das zur selben Zeit wie das Olympia-Stadion und ebenfalls von Werner March

*Blick auf das 1934–36 von Werner und Walter March erbaute Olympiastadion.
(Aufnahme 1988)*

entworfene Naturtheater, das im Jahr seiner Einweihung den
Namen »Dietrich-Eckart-Freilichtbühne« erhielt, war die zweite
in eine Naturlandschaft eingebundene Bühne im Berliner Raum.
Bereits vor dem Ersten Weltkrieg hatte die Gemeinde Friedrichs-
hagen den Bau einer derartigen Anlage in einem bei Erkner
liegenden bergigen Gelände geplant. Das Projekt zerschlug sich
vorerst, konnte aber dann 1930 verwirklicht werden.

Unbestritten ist noch heute der Reiz der Berliner Waldbühne,
die in ihrer strengen Geometrie 20.000 Menschen Platz bietet
und in der viele, zum Teil weit über die Stadtgrenze hinaus
beachtete Veranstaltungen stattgefunden haben. Von überregio-
nalem Interesse ist natürlich auch das Olympia-Stadion, aus
dessen Baustatistik hier einige Zahlen genannt sein sollen:
Während der Bauzeit waren ca. 500 Firmen am Ausbau der
Anlage beteiligt; annähernd 2.600 Arbeiter wurden täglich
beschäftigt und zur Anlieferung der Baumaterialien (u.a. 30.500
m² Naturstein, 17.200 Tonnen Zement und 7.300 Tonnen

Blick vom Glockenturm des Olympiastadions auf die nach einem Entwurf von Werner March 1930 entstandene »Waldbühne«. (Aufnahme 1988)

Walzeisen) benötigte man 6.000 Güterwagen mit einem Fassungsvermögen von 15 Tonnen. Die Baukosten für die Arena betrugen 42 Millionen Mark.

Mit dem rund 65.000 Sitz- und mehr als 30.000 Stehplätze aufnehmenden Olympia-Stadion, dessen Achsenlänge 300 mal 230 Meter beträgt, hatte die deutsche Reichshauptstadt ein Sportforum erhalten, das in Europa seinesgleichen suchte. Werner March (1894–1976) hat sich mit dem von ihm entworfenen Stadion ein eigenes Denkmal gesetzt, darüber hinaus aber auch eine Familientradition fortgeführt, die sein Vater Otto mit dem inmitten der Grunewald-Rennbahn liegenden »Deutschen Stadion« 1913 begründete. Dieses allerdings mußte dreißig Jahre später dem Neubau seines Sohnes weichen.

Westlich der hier genannten Einrichtungen trifft man in Höhe der Heerstraße, zwischen Stößensee und Havel, auf vier gleichlautende Ortsbezeichnungen: Pichelsdorf, Pichelssee,

Pichelswerder und Pichelsberg. Das erste Wort dieser Flurnamen ist das Synonym für den bei der Teerdestillation anfallenden Rückstand Pech, der uns heute zu der Annahme veranlaßt, daß früher in den wassernahen Gemarkungen das Kohleprodukt eine vielfältige Anwendung beim Schiffsbau, bei der Isolierung der Hausdächer und beim Abdichten der Holzfässer gefunden hat. Spötter dagegen behaupten, daß das Wort eine Verbindung zum feucht-fröhlichen »Picheln« sei, wobei hier wohl an die Gastwirtschaften gedacht wurde, die seit altersher an den Gewässerufern etabliert waren.

Abgesehen vom Gleichklang der Namen läßt sich der herrliche naturnahe Raum in zwei geologische Einheiten unterteilen: Die zu Charlottenburg gehörenden Pichelsberge können noch als Ausläufer der dem Warschau-Berliner Urstromtal zugerechneten Berlin-Fürstenwalder Spreetalniederung betrachtet werden, wohingegen Pichelsdorf, Pichelssee und Pichelswerder in dem einem Mosaik aus feuchten Talniederungen, Dünen und Endmoränenhügeln gleichenden Brandenburg-Potsdamer Havelgebiet liegen.

Erste Aufzeichnungen der östlich des Stößensees liegenden Pichelsberge findet man im Jahr 1798; in ihnen wird von einem aus mehreren Gebäuden bestehenden Etablissement berichtet, zu dem neun Morgen Erbpachtacker gehörten. Das vormals als Teerofenland bezeichnete Gelände wurde später vom Grafen Kameke erworben, der auf einer Hügelkuppe einen »Salon« zum öffentlichen Vergnügen einrichten ließ. 1860 bestand die Ansiedlung aus einem Forsthaus mit einer Kiensamendarre und einem in der Nähe gelegenen Chausseehaus sowie zwei aus sechs Wohn- und fünf Wirtschaftsgebäuden bestehenden Gasthäusern.

Von diesen Gebäuden ist nichts mehr erhalten, und nur die Geschichte des »Pavillons auf den Pichelsbergen«, die angefüllt mit allerlei historischen Ereignissen und Anekdoten ist, blieb uns in Form kleiner Erzählungen erhalten. Die letzten Reste des Gebäudes konnte man noch Anfang der sechziger Jahre erkennen, jetzt aber steht dort kein Stein mehr auf dem anderen. Fast vergessen von der Öffentlichkeit ist auch ein anderes

Bauwerk, dessen verkehrstechnische Bedeutung jedoch den Charlottenburgern nach wie vor am Herzen liegt. Wir sprechen vom 1910/11 von Regierungsbaurat Ernst Schwartz und seinem Mitarbeiter, Regierungsbaumeister Lücking, erbauten Vorortbahnhof Pichelsberg, den Fritz Hane 1935 umbaute und erweiterte.

Vom Bahnhof gelangt man über die Jesse-Owens-Allee zur Reichssportfeldstraße und zu dem in ihr stehenden »Corbusierhaus«. Der 141 Meter lange, 23 Meter breite und 56 Meter hohe Bau hat im Charlottenburger Westend nicht nur eine städtebauliche Dominante gesetzt, sondern auch über Jahre hinaus die am Architekturschaffen interessierte Öffentlichkeit beschäftigt. Der als »Unité d'Habitation, Typ Berlin« bezeichnete 17 geschossige, auf sieben Meter hohen Pfeilern ruhende Stahlbetonschottenbau enthält neben 530 Wohnungen eine hauseigene Heiz-Kraft-Zentrale, Läden, ein Postamt und eine Waschanlage. Neun Innenstraßen erschließen das Hausinnere, das von unterschiedlichen Maisonettetypen, d.h., von Wohnungen für eine bis mehrere Personen besetzt ist.

Das weithin beachtete aber auch kritisierte »Corbusierhaus« gehört zu den späteren Bauten des Charles Edouard Jeanneret (geb. 6. Oktober 1887 in La Chaux-de-Fonds, gest. 27. August 1965 in Roquebrune-Cap-Martin), der unter dem Pseudonym Le Corbusier zu einem der bedeutendsten Begründer und Vertreter der modernen Architektur gehört und als Mitbegründer des Purismus gilt. Die von ihm vertretene Skelettbauweise führte zur modernen Architektur, in der die tragende Funktion nicht mehr dem festen Mauerwerk der Wände überlassen wurde. Seine Häuser hatten daher den »schwebenden Charakter«, den er in den von ihm entworfenen Großbauten verwirklichte und die er als »Wohnmaschinen« bezeichnete.

Verzeichnis der Baudenkmale im Bezirk Charlottenburg

Ortsteil Charlottenburg: 1. Schloß Charlottenburg mit allen baulichen Anlagen im Schloßgarten und der Kleinen Orangerie (Bauzeit: ab 1695), Spandauer Damm, 2. Schloßpark Charlottenburg (17.-19. Jh.; S. Godeau, A. Eyserbeck, P.J. Lenné), 3. ehem. Marstall (1855–58; C. Drewitz), Spandauer Damm 7–9, 4. ehem. Schloßkaserne (1851–59; nach einem Entwurf Friedrich Wilhelms IV. von F.A. Stüler ausgeführt), Schloßstraße 1, 5. ehem. Schloßkaserne (s. Nr. 5), Schloßstraße 70, 6. Luisenkirche (1712–16 und 1823; Ph. Gerlach u. M.H. Böhme, K.F. Schinkel) Gierkeplatz, 7. ehem. Schulhaus (1785/86; Schulze), Gierkezeile 39, 8. ehem. Villa Kogge/Standesamt (1864), Alt-Lietzow 28, 9. Gustav-Adolf-Kirche (1932–34; O. Bartning u. P. Meller), Herschelstraße 14/15, 10. Rathaus Charlottenburg (1899–1905 und 1911–15; Reinhardt & Süßenguth, H. Seeling), Otto-Suhr-Allee 96–102, 11. Säulenhalle im Park Ruhwald (1867/68; K. Schwatlo), Spandauer Damm 220, 12. Wohnhaus (1873/74; G. Töbelmann), Schloßstraße 67, 13. Wohnhaus (1869/70; R. Zeitler), Wulfsheinstraße 8, 14. Wohnhaus (Anfang 1870er Jahre), Christstraße 33, 15. Wohnhaus (1872), Christstraße 34, 16. Wohnhaus (1873; F. Mair Rolph), Christstraße 35, 17. Wohnhaus (1874; F. Mair Rolph), Christstraße 36, 18. Wohnhaus (1874; F. Mair Rolph), Christstraße 37, 19. Wohnhaus (1873; L. Mertens), Christstraße 39, 20. Wohnhaus (1875; E. George), Christstraße 40, 21. Vorderhaus mit Seitenflügel (um 1800), Schustehrusstraße 13, 22/23. Wohnhäuser (1904/05; Kayser & von Großheim), Marchstraße 6 u. 8, 24. Tattersaal (1900; A. Zimmermann), Grolmannstraße 47, 25. ehem. Hotel am Steinplatz (1906/07; A. Endell), Steinplatz 4, 26. Renaissance-Theater (1926/27; O. Kaúfmann), Hardenbergstraße 6, 27. Portal und Gedenksäule am Jüdischen Gemeindezentrum (1911/12; E. Hessel), Fasanenstraße 79/80, 28. Vorderhaus und Seitenflügel (1891/92; H. Grisebach), Fasanenstraße 25, 29. Villa mit Wintergarten (1889/90; Becker und Schlüter), Fasanenstraße 23, 30. Ensemble von drei Stadtvillen (1889/90, 1871 und 1891/92; Becker und Schlüter, L. Mertens,

H. Grisebach), Fasanenstraße 23, 24 und 25, 31. Wohn- und Atelierhaus (1889/90; B. Sehring), Fasanenstraße 13, 32. Wohnhaus (1905; O. Harwisch und F.A. Hartmann), Bleibtreustraße 17, 33. Hallenstadtbad (1896–99; P.F. Bratring und Peters), Krumme Straße 9/10, 34. Instituts- und Laboratoriumsbau für Chemie (1882–84; nach einer Skizze F. Hitzigs von J. Raschdorf ausgeführt), Straße des 17. Juni 115, 35. Charlottenburger Tor (1907/08; B. Schaede), Straße des 17. Juni, 36. »Haus Wien« (1913; Nentwich und Simon), Kurfürstendamm 26, 37. Appartementhaus (1928/29; H. Scharoun und G. Jacobowitz), Kaiserdamm 25, Königin-Elisabeth-Straße 2, Fredericiastraße 27, 38. Funkturm (1924–26; H. Straumer und J. Hahne), Ausstellungsgelände am Messedamm, 39. Haus des Rundfunks (1929–31; H. Poelzig), Masurenallee 10–14, 40. Olympia-Stadion mit Außenanlagen Olympischer Platz, Olympisches Tor, Schwimmstadion, Waldbühne, Maifeld mit Glockenturm (1934–36; W. March), Olympischer Platz,

Kolonie Heerstraße: 41. Einfamilienhaus (1923/24; E. Mendelsohn) Heerstraße 107, 42. Einfamilienhaus (1927/28; H. und W. Luckhardt & A. Anker), Am Rupenhorn 24, 43. Einfamilienhaus (1927/28; H. und W. Luckhardt & A. Anker), Am Rupenhorn 25,

Kolonie Westend: 44. Doppelwohnhaushälfte (1922; E. Mendelsohn), Karolingerplatz 5, 45. Doppelhaushälfte (1922; E. Mendelsohn), Karolingerplatz 5a, 46. Gartenplatzanlage (1897), Branitzer Platz, 47. Villa (1891; C. Koeppen), Eichenallee 16, 48. Landhaus (1867; Krefeldt und G. Köhler), Lindenallee 7, 49. Villa (nach 1870), Ulmenallee 3, 50. Landhaus (1935; H. Schweitzer), Mohrunger Allee, 51. Villa (1914/15; L. Rosin und H. Sternberg), Klaus-Groth-Straße 8,

Kolonie Eichkamp: 52. Olympia-Sportärztehaus (1936; O. Schellenberg), Waldschulallee 73–81.

XI. Literaturverzeichnis

Architekten- und Ingenieur-Verein zu Berlin: Berlin und seine Bauten, Verlag W. Ernst u. Sohn, Berlin/München/Düsseldorf:

Teil III: Bauwerke für Regierung und Verwaltung. 1966.
Teil IV: Wohnungsbau. Bd. A. Die Entwicklung der Wohngebiete. 1970
Teil IV: Wohnungsbau. Bd. B. Die Wohngebäude -Mehrfamilienhäuser. 1974.
Teil IV: Wohnungsbau. Bd. C. Die Wohngebäude – Einfamilienhäuser. 1974.
Teil VIII: Bauten für Handel und Gewerbe. Bd. A. Handel. 1978.
Teil IX: Industriebauten – Bürohäuser. 1971.
Teil X Bd. B: Anlagen und Bauten für den Verkehr. (1) Städtischer Nahverkehr. 1979.
Teil X Bd. B: Anlagen und Bauten für den Verkehr. (2) Fernverkehr. 1984.
Teil XI: Gartenwesen. 1972.
Teil X Bd. B: Anlagen und Bauten für den Verkehr. (4) Post- und Fernmeldewesen. 1987.
Teil V: Bauwerke für Kunst, Erziehung und Wissenschaft. Bd. A. Bauten für Kunst. 1983.

Bader, F.J.W. u. Müller, O. u.a.: Stadtgeographischer Führer (Berlin (West)). Verlag Gebr. Borntraeger. Stuttgart 1981.

Baedeker, Karl: Berlin und Umgebung. Verlag K.Baedeker. Leipzig 1921.

Ders.: Reisehandbuch »Berlin«. Freiburg 1964.

Börsch-Supan, E. u. H. u.a.: Reclam Kunstführer Berlin. Verlag Ph. Reclam jun. Stuttgart 1977.

Enders, Lieselott: Historisches Ortslexikon für Brandenburg. Teil IV – Teltow. Verlag H. Böhlaus Nachflg. Weimar 1976.

Ingwersen, E.: Standbilder in Berlin. Verlag Haude & Spener. Berlin 1967.

Katzur, Klaus: Berlins Straßennamen. Verlag Haude & Spener. Berlin 1969.

Kraatz, Wilhelm: Geschichte der Luisengemeinde zu Charlottenburg. Selbstverlag der Luisengemeinde. Charlottenburg 1916.

Pohl, Rainer: Dorfauen. Hrsg. Senator für Bau- u. Wohnungswesen. Berlin 1974.

Rave, R. u. Knöfel, H.-J.: Bauen seit 1900 in Berlin. Verlag Kiepert. Berlin 1968.

Dies.: Bauten der 70er Jahre in Berlin. Verlag Kiepert. Berlin 1981.

Schlimpert, Gerhard: Brandenburgisches Namenbuch. Teil 3. Die Ortsnamen des Teltow. Verlag H. Böhlaus Nachflg. Weimar 1972.

Voß, Karl: Reiseführer für Literaturfreunde/Berlin. Verlag Ullstein GmbH. Frankfurt/Main – Berlin – Wien 1980.

Wirth, Irmgard: Die Bauwerke und Kunstdenkmäler von Berlin – Stadt und Bezirk Charlottenburg. Gebr. Mann Verlag. Berlin 1961.

Berichte aus der Berliner Tagespresse und persönliche Mitteilungen des Charlottenburger Hochbauamtes.

Berlinische Reminiszenzen

Die führende Reihe
zur Berliner Stadt- und Kulturgeschichte

Lieferbare Titel:

Edda Prochownik, Da kiekste wa?!

Georg Holmsten, Potsdam

Jürgen Grothe, Spandau vor Berlin

Adriaan v. Müller, Mit dem Spaten in die
Berliner Vergangenheit

Enrico Straub, Berliner Grabdenkmäler

Jürgen Boeckh, Alt-Berliner Stadtkirchen
(2 Bände)

Theodor Constantin, Alt-Berliner Kneipen

Klaus-Dieter Wille, Spaziergänge in Steglitz

Bodo Rollka / Volker Spiess, Leben am
Prenzlauer Berg

Wolfgang Janowitz, Spaziergänge in Köpenick

Jürgen Grothe, Spandau – Schauplätze
seiner Geschichte

Klaus-Dieter Wille, Spaziergänge
in Charlottenburg

Wolfgang Janowitz, Spaziergänge in Pankow

Haude & Spener • Postfach 3046 • 1000 Berlin 30
Tel. 030/ 216 50 61